新装分冊版

［実践版］
ヒマラヤ聖者への道

3

深奥の望みを実現する法則

ベアード・スポールディング著
成瀬雅春訳

ヒカルランド

「かつて人間は皆、
自分が真の原動力の中心であることを自覚し、
いわゆる天国という状態の中で暮らしていた。
そのうちごく少数の人たちを除いては、
ほとんど全部が、神からの賜物《たまもの》を棄て、
人類の本当の遺産である自分の神性に
まったく無自覚になっている」

——イエス

「神とは人間自身の想念の活動によって発生し、
活発となる、あのパワーである。
しかし、そのパワーについて思いを致し、
それが存在していることを認識するまでは、
それは活動しない」

——イエス

「常にこのパワーに思いを致し、
これを讃え、祝福し、感謝することによって、
このパワーの流れは増え、そのパワーは強大となり、
ますます我がものとし易くなる。
あなたがたは、完全なる成就を実現する神である」

――イエス

「内在の神こそ、あらゆる教師の中の最大の教師である。
あなたがたの持っているパワーは、
すべてまずあなたがたに引きつけられてから、
あなたがたの身体の中で発電され、
何であれ、望むものを成就するために送られる」

――エミール師

エミール師と私――人生において最も重要な「心の奥底から生じる平穏」

成瀬雅春

私は本書を知る前から今日まで、ヨーガを実践し続けていますが、おそらく生涯続けると思います。なぜなら、ヨーガほど面白い遊び道具はないと思うからです。

遊び道具という言葉が適切であるかどうかは判りませんが、生きていくうえで一番面白いことが、私にとってはヨーガを実践することなのです。現代人の多くは、インターネットを活用していて、ブログやツイッターなどが流行っています。

それは、外部からの情報であり、外部に情報を発信することです。外部からの情報は、誰が検索しても同じ答えしか出てきません。逆にブログやツイッターなどで外部に情報を発信すると、返ってくる答えはバラバラです。他人からの答えは無責任です。本当に正しい答えを外に求めても無理なのです。

エミール師の言葉にも随所にそのことがでてきます。自分を見つめ、自分の外部に意識を取られないようにして、内奥に意識を向けなさい、というようなニュアンスで語られています。

間違いなく、人生におけるあらゆる正しい答えは「自分自身の内奥からやってくる」のです。

これまで私は、ヨーガを実践して瞑想する中から、数えきれないほどの答えを自分自身の内奥から得てきました。そうして得られた答えによって、後悔することは一つもありませんでした。もちろん、良い結果が得られることもあれば悪い結果になることもあります。どんなに悪い結果であっても、自分自身が決めたことなので、責任転嫁する先がないのです。誰かのアドバイスで決めたことは、悪い結果が出ると「あいつのせいだ」ということになります。誰かに責任を転嫁していると、そのつけはすべて自分に返ってきます。

自分の人生は、すべて自分で責任を取ることで、人間として成長するのです。あらゆる問題は自分の内奥から生じ、あらゆる答えは自分の内奥から引き出すことが正しいのです。

「イエスのいろいろな言葉のうち、一番優れているのは、『平安なれ、静かなれ』という言葉でした」――という文章が第四巻第二章八三頁にでてきます。

ヨーガではシャーンティ（平穏）という言葉で表現されるのですが、同じ内容のことを本書の中でイエスが語っています。この言葉は、単に静かにしなさいというのではなく、心の奥底から生じる平穏を指します。

人生において最も重要なのは「心静かにすること」だということを、イエス、仏陀、ヒマラヤ聖者、ヨーガ経典などで、繰り返し言われ続けています。

実は、ヨーガの極意もそこにあるのです。

『ヨーガ・スートラ』というヨーガ経典の冒頭部分に「ヨーガスチャ・チッタブリッティ・ニローダハ」というサンスクリット語が登場します。その部分の何冊かの日本語訳を見ると、次のように訳されています。

「**心統一は、心の作用の制御**」（『神秘主義とヨーガ』岸本英夫著）

「**心の作用を止滅することが、ヨーガである**」（『インテグラル・ヨーガ』スワミ・サッチダーナンダ著、伊藤久子訳）

「ヨーガとは心の作用を止滅することである」（『ヨーガ根本経典』佐保田鶴治著）
「ヨーガとは、心のはたらきを止滅することである」（『現代人のためのヨーガ・スートラ』グレゴール・メーレ著、伊藤雅之監訳）

これを見ると、心の働きを「制御する」と「止滅する」という二つの訳がなされています。ここで、問題になるのはサンスクリット語の「ニローダハ」という部分です。ニローダハには、監禁、征服、抑制、制御、止滅、阻止などの意味があるようですが、訳者によって解釈が少しずつ違います。

ヨーガを実践していると肉体感覚で判るのですが、心の作用を「止滅」することはできません。つまり、心の動きをピタッと「止める」こと。そして心の動きを「滅する＝消し去る」ことはできないのです。したがって「止滅する」という訳語は、実践家の立場からすると、あり得ないのです。

心は生まれてから死ぬまで、生涯動き続けてバランスを取っているのです。心の動きが止まるときは、死ぬときです。ヨーガを実践していると、繊細な観察力が身に付くので、「心が止まっている」ような状態になっても、それをしっかりと観察すると、実は「止まっている」のではなく、動いていることが判ります。

心は海面と同じです。

凪いでいてまっ平らに見える穏やかな海でも、海面は動いています。海面が「静止する」ことはあり得ません。まっ平らのように見えても、繊細な観察力があれば、動いていることが判ります。それは心も海面も同じです。

だから、ヨーガは「心の動きを止滅する」のではなく、「心の動きを制御する」のです。そのために、コントロール能力を高めるのです。そのコントロール能力の中には、本書に登場する数々の奇跡が含まれています。

エミール師が村人を伴って河を渡ったというテクニックは、ヨーガの「ルンゴム（空中歩行）」です。またヒマラヤで修行したり生活したりするには、必ず身に付けなければならないのが、「ツンモ」という体温を自在に調節するテクニックです。これもヨーガの呼吸法が基本になっているテクニックです。

人体内に眠っている超常的なエネルギーを覚醒させて、数々の奇跡を可能にする「シャクティチャーラニー・ムドラー（クンダリニー覚醒法）」もヨーガの重要なテクニックです。

本書に登場する、一瞬にして他の部屋に移動したり、90キロ先の村に瞬間移動するというようなことも、すべてヨーガのコントロール能力を身に付けることで可能になるのです。

本書の著者ベアード・スポールディング氏はキリスト教徒なので、エミール師は、常にバイブル（聖書）の教えを喩《たと》えとして話しています。エミール師自身はヒマラヤ聖者なので、インドのバガヴァッド・ギータやヴェーダ聖典、マハーバーラタなどを元にしています。しかしもし、ヒマラヤ聖者調査団の人たちが仏教徒であれば、おそらく仏典の教えを使って話すでしょう。

第四巻第七章二五四頁に次のような記述があります。

その本の真髄を把《つか》んでやろうという決心こそが、その秘儀を、ある程度まで、その人に開顕するでしょう。バガヴァッド・ギータにせよ他のどんな書にせよ、このような態度をもって接しなければなりません。もちろん、バイブルの中にあるものは、すべてバガヴァッド・ギータやマハーバーラタやヴェーダの中で、解き明かされてはいます。それは同書がバイブルの中にあるすべての知識の淵源だからです。

エミール師の視点からすれば、バイブルの内容も仏典の内容も、すべてインドの聖典に記されているということです。私もヨーガ行者としての経験から、エミール師と同じ考えです。

第四巻に沈黙行を実践するヨーガ行者の話が出てきます。インドに行くと首からミニタブレットぐらいの大きさの黒板を下げているヨーガ行者を時折見かけます。モウナ（沈黙行）を実践している行者です。

彼らは、黒板に文字を書いてコミュニケーションを取るのですが、私もハリダス・ババというモウナの行者に会って、いろいろと話した（？）ことがあります。沈黙の行者と会話するというのも変な話です。

しかし、インドに多くいるモウナの行者は、往々にして会話好きです。このモウナの行というのは、本来はそういうものではないです。

ヨーガの修行者が深い瞑想体験を重ね、悟りの体験を重ねた結果、最後に「真理」を掴んだとします。そうすると、誰に対しても、何一つ話すことができなくなるのです。その結果、彼は沈黙を守り通して生涯を終えるのです。

つまり、「今日から沈黙の修行をするぞ」と言って黙るのではなく、何一つ話せなくなるのが、本来のモウナ（沈黙）の行者なのです。残念ながら現代では、そういう修行者はほとんどいません。

死を語れるのは、生きている人だけです。死んでしまったら、死を語れません。それと似たような現象が、真理を得た人が真理を語れなくなることです。

真理は真理以外の何物でもないのです。さらに言うなら、真理という文字も言葉も「真理」ではないのです。だから真理は、文字で表すことも語ることもできないので、真理を得ると黙ってしまうしかなくなるのです。

真理を一切語らない人の中に、真理を得た人がいる可能性があります。ただし難しいのは、真理を一切語らない人の中に、真理を得ていない人もいる可能性があるからです。

その人たちの中の誰が真理を得ているのかを見極めることはできません。はっきりしているのは、「私は真理を得た」と言っている人は、間違いなく真理を得ていないということです。

十二年に一度開催されるインドの大祭典クンブメーラーに、ヒマラヤ行者として参加する

第三巻第十六章三一五頁と第四巻第十一章三八八頁から、インドの大祭典クンブメーラ

ーの話が出てきます。著者のスポールディング氏がヒンドゥー教徒の圧倒的なパワーに驚愕した話なのですが、私も彼と同じ場所に二〇〇一年に行き、そのエネルギーを感じました。

百二十年の時を越えて同じ場所に立ち、ある種の感動を経験したのですが、スポールディング氏の感動を皆様にも感じて頂けるように、私のその時の経験を少しここに書いてみます。

インドのヨーガ行者が一堂に会する大祭典が十二年に一度ある。

二〇〇一年一月から三月までアラハーバードという都市で開催される、クンブメーラー（壷大祭）というその祭典は、インド政府が何年も前から準備を進めている大プロジェクトだ。どのぐらい大きな祭典かというと、ガンジス河の広大な河原五キロ四方に、その祭典のための都市を出現させてしまうのだ。

インド政府が用意するものは、二万個の仮設トイレ、その数倍の居住用テント。そしてそのテント村に水と電気を供給するための全長約一四五キロの水道管と約四五〇キロの電線を河原に網羅する。さらに約一万五千本の街灯、道路、電話設備。そしてガンジス河に架けられた十三本の仮設橋。これらを祭典の数カ月前から準備する。ヒンドゥー教の聖者、遊行者、ヨーガ行者の集団毎に、テント村の居住区画を割り当てられる。

二〇〇一年のクンブメーラーはマハークンブメーラーと呼ばれる。マハーというのは偉大なとか大きなという意味であり、十二年に一度のクンブメーラーの中でも特別大きなクンブメーラーということになる。その訳は十二年×十二で一四四年に一度のクンブメーラーだからだ。そのため、会期中にインド中から二千万人以上の人たちが集まるという。

ところでインド中から集まった人たちが何をするのかというと、目的は「沐浴」だ。つまり聖なる河に浸かるために二千万人の人たちが集まる。沐浴はインダス文明が起源だといわれているほど古くからの習慣である。

現世での汚れを浄化するために沐浴するのだが、特にクンブメーラーの祭日に沐浴をすると、あらゆる罪が浄化されて、輪廻から解放されるといわれている。

沐浴する場所はガンジス河とヤムナー河が合流するサンガム（合流点）で、ピークのときにはそのサンガムまでたどり着けないほど多くの人でごった返す。

クンブメーラーの由来はヒンドゥー教の神々と魔族が天界でアムリタ（不死の霊薬）の入ったクンブ（壷）を奪い合ったことから始まる。その際、アムリタが四滴下界にこぼれ落ちてしまい、そのこぼれ落ちた場所がクンブメーラーが開催される四聖地となったといわれている。

アラハーバードはその四聖地の中でも最大のクンブメーラー開催地で、他の三聖地はハリドワール、ウッジャイン、ナースィックだ。

そのクンブメーラーに、ヒマラヤで修行を続けている行者のプラヤーグ・ギリの要請を受けて、私はヒマラヤ行者として参加することになった。クンブメーラーは一月から三月までの三カ月間開催されるという情報を元に、一月二一日出発の二月一九日帰国という予定を立てた。プラヤーグ・ギリとの手紙のやり取りでは、一月二十九日に大きな催しがあり、それでクンブメーラーは終わりだと書いてきている。しかし、三カ月間開催されるという情報とはかなり差があるので、とりあえず出版物などに書かれてある三カ月間という情報を元に計画を立てた。多分ピークと思われる二月六日と七日に私の生徒たち一行をアラハーバードで迎えるというツアーも予定した。

デリーからクンブメーラー会場のあるアラハーバードまで、一等指定席で九時間ちょっとの列車の旅だ。日本で印刷した私のチラシを弟子たちが車内で配ったら、たちまちインド人が集まりだし、質問や人生相談責めとなってしまった。

アラハーバードが近づき質問責めも一段落して、同席のインド人女性と話し始めたら、彼女もアラハーバードまで行くのだという。そこで、私たちが出発前に一番心配していた「広大なクンブメーラー会場でたった一人の人を探すことが可能だろうか」ということを彼女に話してみた。なにしろ事前に入手していた情報は「アヴァーハン・アカーラという派閥に所属しているプラヤーグ・ギリ」ということだけなのだ。

そうしたら、彼女のご主人がクンブメーラーのセキュリティのオーガナイズをしているので、力になってあげられるというのだ！　思わぬ救いの手に先行き不安だった我々は大喜びした。彼女はご主人の名前を教えてくれて「会場で何か困ったことがあったらこの名前を出せば役に立つでしょう」といってくれた。午後四時、列車はアラハーバードに到着し、上品な奥様という感じの彼女にお礼をいって別れた。

軽ワゴンタクシーでクンブメーラー会場へ向かう途中に検問があったが、彼女のご主人の名前を出したところ、何とフリーパス！　その先の警備兵の駐屯所でも、その名前が功を奏して、とても親切に教えてもらえた。

しかし、何といっても会場が広すぎる。プラヤーグ・ギリという名前の人は、このクンブメーラー会場には何十人もいる可能性がある。プラヤーグ・ギリの居場所を知っていて、今から案内してくれるという人が現れたが、その案内してくれる人もプラヤーグ・ギリという名前だった。

アヴァーハン・アカーラの支部の居住区であるアヴァーハン・ナガルへ向かう。そこに着くと、ひょっこりとプラヤーグ・ギリ本人が出現した。アラハーバード駅からは一時間半かかったものの、あまりにあっけない再会となった。何しろ無事再会できたことをお互いに喜びあった。

とりあえずプラヤーグ・ギリのテントに請じ入れられる。ウッタムさんとも再会できた。ウッタムさんはプラヤーグ・ギリの身の回りを世話している弟子で、一年前にヒマラヤで我々がだいぶ世話になった。早速、ウッタムさんの手料理で夕食をごちそうになった。野菜カレー、豆スープ、チャパティというインドの定番料理だが、ウッタムさんの料理の腕前は確かで、実に美味だ。

プラヤーグ・ギリのテント周辺は、びっしりとテントが張られていて、過密状態だ。特に明日が最も神聖な日のため、クンブメーラー会場はどこも満杯状態で、居住区のアヴァーハン・ナガル内も人であふれていた。そのため突如訪れた我々四人が泊まれるテントなど当然ない。プラヤーグ・ギリの客人として来ている三人のマータージー(女性行者)のテントに、とりあえず泊まらせてもらうことになった。アラハーバードはヒマラヤと違って、凍死するようなことはないので安心だ。

翌日はプラヤーグ・ギリがいろいろと手を尽くしてくれたおかげで、隣のテントを我々専用として使えることになった。早速引っ越してテント内の整備、祭壇の飾り付けなど大忙しとなる。その間に早くもインド人巡礼が訪れてきて、ダルシャン(謁見)を希望する。急ごしらえの祭壇の前で、巡礼のグループが私のアーシルワード(祝福)を受けて帰って行く。ヒマラヤと同じ展開の修行がすでに始まった。

インド中から数千万人が集まる会場を呼吸法でホーリースペースに変える

まずはガンジス河とヤムナー河の合流するサンガム(合流点)へ行ってみることにする。この祭典のために架けられた仮設橋を、多くの巡礼者とともにぞろぞろと渡っていく。私たちの渡っている仮設橋上だけでも四〇〇~五〇〇人いるので、十三本の仮設橋全部では数千人の人たちが渡っていることになる。さらに河原にいる人数を含めると、ざっと見渡す範囲だけでも数万人になるだろう。

仮設橋を渡って帰る途中で、また人だかりがしていたので覗いてみると、おじさんがヨーガのデモンストレーションをしていた。あまりレベルは高くなかったが、一生懸命さがほほえましかった。クンブメーラーに参加しているどこかの団体の宣伝のためのデモンストレーションだったようだ。

テントへ戻ると、私の元を訪れる巡礼が途切れなくやってきた。クンブメーラーに来る巡礼の人たちは、大体において礼儀正しく真面目な人が多いようだ。それに引き換えサドゥー（苦行者）と呼ばれている行者には、礼儀知らずの無礼者が多い。今回クンブメーラーに参加してそのことを知ったのだが、同じヨーガ行者として恥ずかしいことだ。私がヒマラヤで交流している行者たちは、実に礼儀正しく真面目な人ばかりだったので、失望させられてしまった。

夕方、私たちのテントに電線が引き込まれて電球の明かりが点けられた。私の修行場はずっと電気水道設備などの全くないヒマラヤだったので、その違いに驚かされた。

翌一月二十四日は朝から続々と私のテントを訪れる人が続いた。

アラハーバードにいる間に数百人の訪問を受けたが、私に対する質問の多くは「いつ結婚できるでしょうか？」「私は将来どんな職業に就くのでしょうか？」「ビジネスの世界に進みたいのですが、成功するでしょうか？」などである。その次に多いのは健康相談だ。そういう相談のすべてに答えていると、それだけで一日の大半を取られてしまうので、弟子が適当にコントロールすることになる。それで、私が瞑想をしたり呼吸法やヨーガのアーサナ（ポーズ）をする余裕ができた。少しはクンブメーラーの生活に慣れたのだと思う。

ウッタムさんが「沐浴をしに行くので写真を撮ってほしい」というので、弟子のT君が一緒に出かけた。その間に、急ごしらえだった祭壇を、ちゃんと整備した。出かけた二人が帰ってきたので「どうだった」と聞くと、何とサンガムまでたどり着けなかったという。昨日の何倍もの人出で、途中から前に進めなくなったので、あきらめて帰ってきたのだという。この日はクンブメーラーでも最も重要な「モウナ・アマヴァーシャ」という祭日だったので、人出が凄かったそうだ。

それにしてもサンガムまでたどり着けないというのは、想像を絶する人出だ。後で聞いた話だが、T君は橋のところで押されてガンジス河に落ちてしまったそうだ。カメラを持っていたので、それを濡らさないためにとっさに片手を上げたら、そこへ何本ものインド人の手が集まり、引き上げられたという。今まではインド人のおせっかいに嫌気がさしていたが、このときばかりはインド人の親切さがありがたかったそうだ。

クンブメーラーはインド中から数千万人が集まる大祭典なので、変な人が多いのは当然のことなのだろう。相変わらず私のテントにも無礼な人が来ては、弟子をてこずらせている。そういう駆け引きを一週間続けていると、さすがに精神的にも肉体的にも疲労してくる。ヒマラヤとは違う意味でハードな修行をさせられている。我々は、そういう訪問者の対応にも限界が近づいたのを感じだしたのだった。また、ヒマラヤと違って大気汚染がひどく、楽に呼吸ができない。

何もない河原に巨大な町が出現してしまったのだから、環境が悪くなっても仕方ないことだ。食事時になると、あちこちで煮炊きの煙が立ち上る。クンブメーラーの人間関係や環境に巻き込まれて、このままでは誰かがダウンしてしまうのは目に見えている。

こういう具合に追い込まれたので私は、深い瞑想状態へ入った。瞑想に入った瞬間から環境の悪さや、誰かがダウンしそうなことなどは消え去り、ただただ純粋に瞑想が深まるだけだ。

その深い瞑想状態の中から、ポッと浮かび上がるものがある。当然それは現在最も必要としているもののはずだ。そこに焦点を合わせると、まず「クリヤー」というキーワードが浮かび上がった。クリヤーというのは、ヨーガの浄化法のことだ。私は長年のヨーガ経験から、クリヤーと呼ばれている浄化法はいくつも知っている。そのどれなのかと考えたが、どうもそうではなさそうだ。


もう少し瞑想を深めていくと、今度は「アラハーバード」と「クンブメーラー」という二つのキーワードが浮かび上がった。そのキーワードにもう少し焦点を合わせるようにすると、私の息の吸い方が変化してきた。最初は、一瞬スッと吸い込むようになったのだが、しばらくそれが続いた後に、その「スッ」という吸い込み方が二重になり「スッ、スッ」という感じに変化してきた。それに反して、吐く方には変化がなく、ただゆっくりと吐き出すだけだ。

深い瞑想の中から浮かび上がったその呼吸をしばらく続けていると、体内から浄化作用が起きてくる手ごたえがあった。重要な解答や技法が得られるときのこの感触は、これまで私が何度も経験しているので間違いはない。

それからしばらくはその呼吸を続けながら、どうすれば完成度が高まるかの研究を重ねた。そして自分なりに納得のいくレベルに達したので、早速弟子に教えた。とにかく今すぐ何とかしなければならないという切羽詰まった状況なので、すぐに実践しなければならない。

彼らもその呼吸を教わったことで安心したようだ。明日からは、ここを完全なホーリースペースにしようという前向きな姿勢に変わりだした。私はその呼吸がアラハーバードの悪環境を克服するためのものなので、アラハバードクリヤーと名付けようと最初に考えた。しかしその後、これは多分他のクンブメーラー会場も同じ環境なのだろうと思い、クンブメーラークリヤーの方がふさわしいだろうという結論に達した。


今日がクンブメーラーの行事の最終日という日は、私のテントにも大勢の人たちが訪れてくる。この一〇日ほどの間に、数百人の人たちの訪問を受けたが、一般巡礼者は礼儀正しい人が多かった。

それに反してサドゥーと呼ばれる行者には、前述したとおり無礼な輩《やから》が多い。中でもナーガババと呼ばれているサドゥーが最も礼儀に欠け、傲慢な態度だった。彼らは、髪も髭も伸び放題で全身に灰を塗り、全裸かふんどし一つで数十人の集団で会場内を練り歩く。

この人たちが、一切の物欲を捨てた聖者として、特別の尊敬を集めているというのだが、私には理解できない。私が接したナーガババは、一人の例外もなく物欲のかたまりのような人ばかりだった。何の挨拶もなくいきなり裸足で私のテントの中に入り込んできて、誰がいようがおかまいなくどっかと座り込み、大声で話し始めるのだ。さらにはチラム（大麻用のパイプ）まで取り出すので、さすがに我慢ならなくて、弟子が外に追い出すことになる。

そういう中で、印刷屋の少年が友人を連れて訪ねてきた。その友人の質問が、

「神様というのはわれわれ人間のために存在するのですよね。だとしたら、動物にとって神様というのは何なのでしょうか？」

「人間のためだけに存在する神様なんて必要なのでしょうか？」

というものだった。そのピュアーさに、私たちは救われた気分になった。

シャーンティ（平穏）な心が生み出すもの

クンブメーラーの主な行事は一月三十一日で終了してしまったので、このアヴァーハン・アカーラの行者たちも、ほとんどベナレス（バナーラス）へ移動して行った。本当はプラヤーグ・ギリも一緒にベナレスへ行かなければならないのだが、私がツアーの人たちを迎える二月六日、七日までは残ることになった。

出発前の疑問がここではっきりした。やはりプラヤーグ・ギリから聞いた「一月二十九日に大きな祭りがあり、それでクンブメーラーは終わりだ」という情報は正しかったのだ。二月六日、七日が祭りのピークではなかった。しかし、いまさら変更できないので、ツアーが来るまで待つしかない。

周囲のテントは減ったが、訪問者は相変わらずだ。職務中の警察官が四人、アーカーシャ・ギリのダルシャンを受けたいといってきた。テント内に招き入れて祝福をしてあげると、ニコニコして帰った。ムンバイ（ボンベイ）から議員さんが来て「ムンバイに来ることがあったら必ず連絡してくれ。どんなことでも役に立ちたい」という。感じの良い温厚な人なので、今後も連絡を取り合うようにしようと思う。祭りは峠を越えたが、私のアラハーバード修行はまだ終わらない。

ムンバイから来た議員さんが再訪してきた。彼は毎日自分なりの瞑想をしているとのことだ。ある日、いいようのない至福の光りに包まれたそうだ。その経験は一度だけだが、瞑想中に彼が空中に浮いているのを、奥さんが二度目撃したそうだ。本人は空中に浮いたことには気づかなかったが、そのとき「匂い」がしたそうだ。彼自身は空中に浮いたことを淡々と語り、冷静に受け止めていることが判る。だからこそ、彼の体験談は信用できる。

もうすっかり周囲のテントが無くなってしまった。この周囲だけで百以上のテントがひしめき合っていたのが、たった三つになってしまったのだ。私たちの居住区にも牛乳売りとかダヒ（ヨーグルト）売りとか掃除人とか、新聞売りなどが毎日くる。

私たちがミルクマンと呼んでいた牛乳売りのおじさんがいる。毎日夕方になると来ていたので、そのおじさんからミルクを買っていた。ミルクマンが来るたびに、シヴァ神からのプラサード（供物）として、砂糖粒を一つかみ渡そうとするのだが、彼は一粒だけ受け取っていつも満足そうに帰るのだった。小さい子供がいるというのでお菓子をあげると、布に詰めてうれしそうに帰っていった。

そのミルクマンがこのクンブメーラーの会場を去るという日に、アーカーシャ・ギリ（私）のダルシャンを受けた。それまでダルシャンを受けたかったのだが、彼は遠慮していたのだ。そして最後の日なので、とうとう「アーカーシャ・ギリのダルシャンを受けたい」と申し出たのだ。

私が、ミルクマンの頭に手を載せて祝福を与えると、彼はしばらくうずくまったまま、動かなかった。そして、やがて起き上がると、彼の顔には涙があふれていた。殺伐としたアラハーバードの環境の中で、私たちの心に暖かいものが流れ込んできて、幸せな気分になった。

二月六日朝。やっとツアーが来る日になった。チャーイとインド製の粟おこしなどを用意し、テント内もツアー全員が入れるように工夫した。最初に旅行社のOさんが我々のテントに来た。ツアー全員が近くまで来ていると聞かされ一安心した。

この日は、ツアー一行をサンガムへ連れて行き、ボートをチャーターして河の中央の浅瀬に行った。その浅瀬で沐浴をして、満足してホテルへと帰っていった。

プラヤーグ・ギリのところに数日前から来ているシャンブーという名のインド人が、私を描きたいと言っていたので、今日九時ころから私のテント内で描き始めてもらった。一時間半ほど集中して描いたので、かなりできあがった。その日の夜にシャンブーが、ほぼできあがった絵を見せにきた。

シャンブーは美術学校を卒業したあと、一九八〇年代のバンガロールのコマーシャルアート界で大活躍する。……が、その絶頂期に突然コマーシャルの世界を退き、ガンガープロジェクトをスタートさせるため、家族を捨てて放浪の旅にでる。

シャンブーの計画したガンガープロジェクトは、ベンガル湾からヒマラヤまで約三千キロに及ぶ行程を旅しながら、ガンジス河沿いの人々の生活や風景を描き続けるというものだ。彼はその活動がインドの自然保護に少しでも役立てばよいと考えている。

シャンブーはガンジス河以外の川も描くが、彼の訪れるのは、美しいが危険な場所が多い。ジャングルや氷河の中で、時には道に迷い、吹雪に遭い、食べ物がなくなったり、生命の危険にさらされたりしたという。多くの死者を目の当たりにし、自分も常に死と隣り合わせだった厳しい旅は、彼に虚無を見据える真のアーティスト（観察者）の眼を与えることとなった。

「アーカーシャ・ギリを描いたこの絵が、ガンガープロジェクトの最後の一枚です。これでガンガープロジェクトが完成します」と、シャンブーは穏やかな口調で語った。私を描くことでシャンブーのガンガープロジェクトが完結すると聞かされ、ヨーガ行者としての今後の生き方に大きな責任を感じざるを得なかった。

シャンブーが描きかけの一枚を見せてくれたが、それは巡礼や行者や牛などが、それぞれに生活しているクンブメーラーの風景だった。そこに私の空中浮揚が描かれてあった。彼はこれから韓国に行き、その後日本にも行くつもりなので、それまでにこの絵を完成させてアーカーシャ・ギリに見せたい、と語った。

シャンブーは、クンブメーラーに参加している多くのサドゥーやナーガババなどの行者より、はるかに精神性も人間性もレベルが高いと私には感じられた。並のヨーガ行者よりは、はるかに鋭く繊細な感性を持ち合わせていて、他人に対する思いやりもあり、彼の持っている雰囲気がシャーンティ(平穏)なのだ。「続きは自分のテントで描く」といってシャンブーが帰り、私のテントには巡礼や行者の訪問がしばらく続いた。


クンブメーラーのピークではなかったが、一四四年に一度の大祭に触れることができたので、ツアー一行は貴重な体験を積んだ。私が計画するツアーは、いわゆる観光旅行ではない。観光名所を素通りしてしまったり、見るべきところもない場所に何泊もするというようなツアーをおこなうことが多い。名所旧跡を見て回ることが旅行ではなく、生涯の思い出となるような経験をすることが旅行の価値を高めるのだと考えている。だから氷河と岩しかないゴームクへ行くようなツアーを企画するのだ。

ツアー一行を送り出してから、その間私のダルシャン（謁見）を受けようと待っていた人たちの対応に移り、一段落したのは夜七時ころだった。

アラハーバードでの予定をすべて済ませたので、明日はいよいよベナレスへ移動する。十八日間のアラハーバード修行は、環境の悪さから私たちにはヒマラヤ修行よりもハードだったが、クンブメーラークリヤーというオリジナルの呼吸法を生むという成果も得られたのだった。


このアラハーバードのクンブメーラーを、一二〇年前にスポールディング氏が体験して、ヒンドゥー教徒の圧倒的なエネルギーに感動したのです。一二〇年前と現在では、同じクンブメーラーでも違いはあると思いますが、アラハーバードという場所は全く同じです。

そして本書に登場する、ヒマラヤ聖者が生活していたエリアも、一二〇年という時を経た今もほとんど変わらず、ホーリースペースとして存在しています。

今年二〇一三年の六月に、私はエミール師が瞑想した場所に坐り、エミール師と同じように瞑想しました。そこは北インドのラダック（標高三五〇〇メートル）というチベット文化圏の都市です。

チベット仏教を周辺国に伝えたとされている、パドマ・サンバヴァが瞑想したとされている僧院で、私は瞑想しました。明らかにパドマ・サンバヴァが坐ったと思われるエネルギーが感じられる岩窟の床に坐って瞑想したのですが、そのときにパドマ・サンバヴァとエミール師のヴァイブレーションに触れる事が出来ました。

そしてその瞑想の中で、その二人と内容の濃い交流ができたのです。その辺りの詳しいことは、『ヒマラヤ聖者と私（仮題）』の出版を依頼されていますので、その中で紹介する予定です。

訪れた北インドの僧院に、一二〇〇年前の岩窟がそのまま残っていて、そこに坐った私は、ホーリースペースが失われていなかったことに、胸が熱くなりました。私にとっての幸せというのは、こういう経験なのです。

しかし、そういう貴重なスペースが今後そのままの状態で保たれるのかどうかは判りません。地球上からそういうスペースが失われることのないように祈るばかりです。本書を手にした皆様のシャーンティ（平穏）な心がその支えになると、私は思っています。

カバーデザイン　櫻井浩（⑥Design）
本文デザイン　櫻井浩＋三瓶可南子

第1章　イエスの出現と空間移動／すべては万物の基礎「霊＝知的生命」から来る

第2章 馬賊団の頭目に向けて女将の発した波動の超パワー

第3章 有害な想念を跳ね返す純白霊光の偉力とその原理

第4章 光線に悪自滅する／とてつもないパワーの源

第5章 我神なり、神の愛、叡智、悟性なり

第6章 新人種出現の預言／純粋な意識の人種の時代が顕現しつつある

第7章 太陽系宇宙の生誕と人間の運命／全宇宙群が人間を必要とするわけ

第18章 イエス自らが「自己完成への苦闘」を語った

翻訳協力　山川紘一郎
合田秀行
本文仮名書体　文麗仮名（キャップス）

第1章

イエスの出現と空間移動／すべては万物の基礎「霊＝知的生命」から来る

マイナス45度の岩の部屋で体験した暖かさと平安／驚嘆の空間移動

集会メンバーが去った後も、私と同僚たちは、魂の変容を目撃した場所を去る気になれず、そのまま留まっていました。私たちの胸中や、最後の時の大いなる魂の高揚は、どんな言葉をもってしても言い表すことはできません。

「すべては一のため、一はすべてのため」という言葉が、今なお少しも衰えることなく、鮮やかに光り、くっきりと浮かび上がっています。

誰一人語る者はいません。というより、一語も発し得ないのです。私たちは、夜明けまでだいたい同じ場所にいたのですが、室内にいる感覚は、全くありませんでした。

私たちの肉体からは、明るい光が放たれているようでした。

今も、硬い岩をくりぬいて造った部屋にいるはずなのに、何処を歩いても、壁に遮られる感じがしないのです。まるで、足許《あしもと》にも、床が存在しないかのように、自由に歩いてゆけるのです。

その時の私たちの思いや感覚は、もはや言葉では絶対に表現し得ません。私たちは、部屋や崖の障害物さえ超えて歩いているのに、なんら障害物の感じがしないのです。

私たちの着ている服も、周囲の全ても、純白の光を放っているようでした。この光は、太陽よりも、さらに明るいように思われます。私たちは、大いなる光の圏内にいるかのように、水晶のような光を通して眺めているようでした。太陽は、遥か彼方で靄《もや》に包まれています。それは、正直なところ、今私たちがいる場所に比べれば、冷たく、魅力のないものでしかありません。

温度計がマイナス45度に達し、国中が雪に覆われて、朝の陽光に照り映えているというのに、私たちのいる所には、明らかに形容し得ない暖かさと平安があり、美しさがあります。人生には、心に感じる思いを、言葉にする術《すべ》がない瞬間がありますが、今がまさしくそのようなひと時でした。

ここには3日間も続けて滞在しましたが、それは別に休息や気晴らしのつもりではありませんでした。疲労も退屈も一切感じませんでした。それに、過ぎし日のことを振り返ってみても、束の間の出来事にしか思われませんでした。それでいて、お互いに相手の存在を意識し、これまでの時の流れも意識されるのです。

日の出もなければ、日没もありません。ただ、栄光に満ちた一日一日です。曖昧な夢ではなく、一瞬一瞬が現実なのです。しかも、なんという未来図が展開することでしょう。あたかも、地平線が遥か彼方、永遠へと伸びていくようです。

隊長の言葉を借りて言うなら、「脈動する生命という、果てのない永遠の海へと広がって行く感じ」なのです。そして、その体験は、一部の限られた人でなく、すべての人が味わえるからこそ美しいのです。

4日目のこと、隊長が下の記録室に降りて「翻訳の仕事を再開しよう」と言いました。すると、歩き出そうとした途端、私たちは皆、いつの間にか記録室に立っていたのです。

私たちの歓びと驚嘆は、読者の想像に任せるのみです。

身体を一切動かしていないのに、方法も全く知らないのに、いつの間にか、二つの階段を降り、2階下に移動してしまっていたのです。しかも、今まで働いていた部屋の記録書類の目の前にいるのです。

部屋はすべてが光輝き、暖かく、そこにいると愉しくなってきます。私たちは、全く骨を折らず、望むままにどこにでも移動できたのです。

平板を一枚取り出し、調べやすい場所に置くと、その内容と意味が、完璧に翻訳されてわかるのです。そして、その訳を書き始めると、突然、原稿用紙一面が、私たちの筆跡で書かれた訳文で埋まるのでした。私たちのやることは、ただページを順に並べて原稿の体裁を整えるだけでした。

意識の制約の鎖が断たれた光輝く部屋で、大いなる未来図が開かれる

このように夢中になっていたので、隊長が挨拶《あいさつ》をしながら近づいてくるまでは、部屋の中に誰かがいることにすら、気付きませんでした。

みんなが顔を上げてみると、それはイエス、エミール師、私たちの女将《おかみ》とチャンダー・セン――最初のうちは、記録係の男性と呼んだものですが、今では『若い男』のニックネームで呼んでいます――でした。

バゲット・アイランドともう一人、ラム・チャン・ラーと後に紹介された男性もいました。この男性の通称は、バッド・ラーだそうですが、これは後に知ったことです。

テーブルを一卓綺麗にし、食事の用意をして、一同が着席しました。しばらくの沈黙の後で、イエスが口を開きました。

「全能にして遍満《へんまん》したまう、父なる原理よ。貴神は常にわたくしたちの内から外なる世界

へ勝利をもって輝き出《い》でたまう。貴神は、光であり、愛であり、美でありたまう。そのことを、わたくしたちは、今日この日、体験しつつあり、また、意識すれば何時でも体験することができる。

完全なる愛、調和、真の叡智、尽きることない献身および純然たる謙遜《けんそん》という、消えることなき火の燃えるこの祭壇の前に跪《ひざまず》く。この聖なる火が、真の父性、子性および献身して止まぬ兄弟性という、この祭壇の前に、いま相集える人々の魂の中から、弱まることなく、輝き続けている。この聖なる光は、これら身近の愛する者たちより、外へ外へと光り出で、全世界の最果てまで届く。

それは、すべての人々がその大いなる光を見、その薄れることなく、消えることなき愛を体験するためである。この遍満する光、美、純粋なる光線は、この貴神の祭壇に会する人々の感じ易《やす》き魂とハートを通して、輝きわたる。わたくしたちは、愛から発するすべての悪を消尽し、すべてを包容するこの光線を、肌をもって感じ、さらに我が身よりも放射して、遂には全人類を変性し、融合し、調和させる。

わたくしたちが敬礼し、対面しているのは、あらゆる人々から発する、真実純粋なる神のキリストであり、神と一体なる者である。まさしく内にましますと共に、外に現れ出でたまう我らが父なる神に、再び敬礼いたします」

イエスのお話が終わると、先程の部屋に帰ろうと誰かが言ったので、私たちは立ち上がり、ドアの方に歩き出したかと思うと、気づいたときには、すでにドアの前に立っていました。

今回の場合は、身体が動いて行くのは判《わか》ったのですが、動く理由は判りません。また、上がろうと思うや否や、すでに現実に上の部屋に来ていました。外の宵闇《よいやみ》はかなり濃くなっているのに、私たちの通るところは、完全に明るく、全てが豊かな美と輝きに満ちています。しかも、それは私たちが上がる前からすでにそうなっていたのです。

チャンダー・センが、一般に死と見なしている状態から蘇って私たちのところに戻って来たのは、今しがた、私たちが出て行った部屋でした。

私たちにとって、あの部屋は、神殿です。それはあたかも、あらゆる可能性で輝いているかのようです。これは、かつて知っていた、死に定められた存在以上の大いなる境地に私たち自身が踏み出すことを可能にした聖所です。

その時以来、出発の4月15日に至るまで、1時間として一同が誰も顔を合わせない日や夜は、ありませんでした。その間中、この部屋が再び元の硬い岩の外観に戻ることは、決してありませんでした。

私たちは常に、この岩ならぬ岩を通して、無限の空間を観る思いでした。意識を制約する鎖が断たれたのは、実にこの部屋の中においてだったのです。大いなる未来図が開かれたのは、実にそこにおいてだったのです。

一同はテーブルにつき、イエスは再び語り出しました。

人類の遺産である「自分の神性」に気づけ

「何事に於《お》いても、理想を実現、成就するには、ある中心となる吸収点、すなわち理想とするものに思念を集中することが必要であり、それが真の原動力となるのである。

あなたたちは、否、人間はすべて、この原動力となる中心になることができる。理想を表現しない限り、いかなることも実現するものではない。

かつて人間は皆、自分がこの原動する中心であることを充分に自覚し、自らが有する、神からの継承物と領土に自覚して生活し、いわゆる天国という状態の中で暮らしていた。

そのうち、ごく少数の人たちを除いては、ほとんど全部が、神からのこの賜物《たまもの》を棄《す》て、今日では大多数が、人類の本当の遺産である自分の神性にまったく無自覚になっている。

そうではあっても、かつての日に誰かが成し遂げたことであれば、今日でもそれを成し遂げることができるのである。このことは、あなた方の周囲にあるすべての無数の生命と万象の背後にある法則であって、この生命とは、あなた方自身の生命も、森羅万象をも含む。

なぜなら、およそ存在しているものには、すべて生命があるからである。遠からずして科学は、物は物質ではないという我々の所説に、充分な根拠を提供するようになるであろう。

なぜならば、すべての物は、遍《あまね》く存在して、波動に反応しつつ、完全絶対なるバランスを保っている無数の粒子を包含する唯一の根元素に帰することを、科学は遠からず発見するだろうからである」

物質科学はまもなく「あるパワー」の存在を認めざるを得なくなる

「それゆえ、数学的見地だけからしても、このすべてに浸透する普遍自然源質を成す、無数の粒子を互いに結びつけ、特定の物の形を取らせるには、何らかの明確な動き、初期行動が必要だったと言える。

このパワーは、一つの粒子からすべてが生じたのではない。それは、粒子と一つでありながらも、もっと大きなパワーだ。あなた方は、振動と協調することで、思考と明確な行動を通して、これらの粒子に選択性を与えるのである。よって、物理科学は、必然的な推論の結果として理解せざるを得ないときが来るだろう。科学者たちは、パワーの存在を認知するだろう。そのパワーは、活動していないために現時点では理解されていない。認知されていないからこそ活動していないのである。

いったんこのパワーが人間によって認められ、人間と感応し合って実際に発揮されると、この普遍的な宇宙エネルギーが特定の現れ方をするために、特定の場を分離することが充分にできるようになる。

そこで一定の秩序を持った進化の過程を経て、遂に種々様々の現象すべてを含む、いわゆる物質宇宙が出来上がる。秩序がある以上、各進化の段階は、次に来るべきより大きな進化の段階に完全に備えて、そのための基盤が設けられなければならない。

もし人間が想念と行為の完全な秩序と調和をもって進歩することができるならば、人間はこのパワーと実際に協調するようになり、やがてこのパワーは目的に必要な手段を選ぶパワーを無限に発揮するようになる。こうして人は、宇宙の進行に秩序があることを認め、その秩序のもとに、生命とエネルギーを配分するようになる。

従って、この宇宙は、あなた方の思っているような物質宇宙ではない。ただ、あなた方が勝手にそう決めているのである。

それは、霊からきているのである。

ゆえに、霊的という言葉を使うならば、それは霊的なのである。

それは秩序に満ち、真実なるものであり、万物の基礎である。

秩序がある以上、科学的であり、科学的である以上、知的である。

それは、知的生命と一つとなった生命である」

霊こそが原始の脈動する原動パワー

「智に結びつき、智によって導かれた生命は意志となり、意志によって、それは神の命令となる。霊こそが、原始の脈動する原動パワーである。

あなた方はそのような霊が存在していることをただ単に受け入れるか知るだけで、そのパワーを活用することができるのである。

霊をもって実現させなさい。

その時、霊の持てるすべてを、自由自在に駆使するようになる。

それはまた、自分の中にあっては久遠《くおん》なる、原始生命の変わることなきパワフルな泉となる。

そのためには、なにも長い歳月をかけて勉学する必要もなく、訓練、艱難辛苦《かんなんしんく》の試練を経る必要もない。ただ、このような波動が実存することを知り、受け入れるだけでよいのである。その時この波動が、あなたがたの中を貫流する」

あなた方は原理そのものとなる

「あなた方は偉大なる創造精神・物質と一体である。

従って、あなた方は森羅万象が存在していることを知っている。

さらに、真に実存するのは、ただ神性原理、大原理、神の原理のみであること、それが宇宙のすべてを満たし、それがすべてであることを、あなた方が真に把握するならば、その時あなた方自身が、その原理となったのである。

こうしてあなた方は、キリスト（神我・神人）としての自分の領域内、すなわち自分の行動する先々でこの原理を実施すれば、想念・言葉・行為を通じて、この原理を、より大きく働かせることができる。

その時、自己の本領を発見し、神のパワーを用いてこれを外界に発揮する者が、一人増えたことになる。このパワーは与えるにつれて、流れ入ってくる。与えるにつれ、いっそう多くのパワーが押し付けられるように加わり、再びまた与えられるのを待つ。こうして供給は尽きることがないだろう」

瞑想／人生を動乱から静謐《せいひつ》に

「瞑想といっても、何も密室に入って身を隠しなさいというのではない。現に今あるところ、最も困難な環境にあり、多忙で、いわゆる人生の動乱のさなかにおいてさえ、静謐を得ることである。

その時、人生はもはや動乱ではなく、平穏かつ瞑想的な、魅力溢れるものとなる。

今、あなた方が実現し、それと一つになった大いなる行為に比べれば、外界での行為は無にも等しい。大いなる行為とはすなわち、現に今あるその場所で黙座し、自分の全想念活動を神に集中して、自分の息よりももっと近く、自分の手足よりもさらに近いところの、自分の内から輝き出る神を瞑視することである。

神とは、どんな存在なのか。あなた方が、全想念活動を集中しているその神とは、何処にいらっしゃるのか」

あなた方は、完全なる成就を実現する神である

「神とは、どこか外界から、いったん自分の中に引きいれて世間に出して見せるような、何か外側にある、大きな存在ではないのである。

神とは、人間自身の想念の活動によって発生し、活発となる、あのパワーである。このパワーが、自分の内や周囲すべてにあることは事実である。しかし、そのパワーについて思いを致し、それが存在していることを認識するまでは、それは活動しない。

そのパワーを世に示すがよい。そうすれば、世は益する。あなた方自身が、あらゆる思考と行動の背後にある、皆善、父なる神という駆動力、すなわち成就するためのパワーを発揮し、成就してみせなければならない。**あなた方は、完全なる成就を実現する神である。**

この神とはすなわち、あなた方が発する、真実かつ唯一の神のことである。

あなた方は、父なる神、農民であり、増幅器であると同時に投射機であり、疑いようのない確かな成就者である。

あなた方が、心の底から敬虔《けいけん》と深い意味を込めて、神がこの聖なる宮にましますと言明

し、かつこの宮とはすなわち今このままの、あるがままの自分の至純なる肉体であると知った瞬間、また、真のキリストであるあなたがたがまさしくこの宮の中で、神と一体となって住んでいること、およびこの昇華した肉体こそは、聖なる場所、まったくしてすべてを包容する住処《すみか》であることを知った瞬間、あなたがたは活力を与える者、この真実神聖なる原理が貫流するための器、すべてを包み、すべてに注ぐ器となる。

その時、神なるあなた方は、その神を、あなた方の愛する神を、ますます多く注ぎだすようになる」

生命の泉を飲む者は、二度と渇くことがない

「こうしてあなた方は、神を拝し、讃《たた》え、ひたすら広がりゆく愛をもって全人類に注ぎ、こうして全人類はキリスト、すなわち神人が勝利に輝く姿を見るようになる。

今やあなた方は最大の歓びをもって言う。『誰でもよいから望む者は来て、至純の生命の泉を深く汲んで飲むがよい』と。

こうして飲む者は、二度と渇《かわ》くことがない。このように用い、このように放出するパワ

ーが神なのである。

父なる神の成就し給うものは子なる神も直ちにこれを成す。

それはまた、この大いなる力の前にへりくだり、頭を垂れることでもある。それが真の謙虚、すなわちへりくだりながらも、あなたがた自身の推進力と一つになって歩みを進めることでもある。

常にこのパワーに思いを致し、これを讃え、祝福し、感謝することによって、このパワーの流れは増え、そのパワーは強大となり、ますます我がものとし易くなる。

これ故に、たゆみなく祈るがよい。日常生活が、真の祈りである」

我神なりはこうして実現する

「まずこのパワーが実在することを認識し、次に絶対の確信を持ってそれを活用するようにすれば、ほどなくしてあなた方は、それを全面的に意識するようになり、自分の内外を貫いてすべてを包容していることを認識する。

このパワーは、流れるがままに任せれば、あらゆる場面で、あなたがたの元に素早く結集してくる。

そして、自分から流出させれば、再び自分の元に流れ入ってくる。ゆえに我神なりとの自覚を持ってこのパワーを与えよ。これが、あなたがたの内なる父である神であって、あなたがたと神は一体である。神の僕《しもべ》ではなくて、神の子なのである。根本原因者の子たちである。

実相（我神なり＝ＩＡＭ）の所有するものは、すべてあなたがたのものでもある。なぜなら、あなたがた自身が実相であるからである」

すべてを成就するのが、自分の神性なる権利

「業を成すのは、小我なる私たちではなく、父なる神にましますす実相（我神なり＝ＩＡＭ）である。私の内なる父である神が、大いなる業を成し給うのである。

父なる神と一体となって御業《みわざ》を為すのだと知れば、もはやそこには、なんの制約も限界もない。**すべてを成就するのが、自分の神性なる権利**であることが判るのである。

私が父なる神の真子、一人子なるキリストに従うように、あなた方も私に従うがよい。

私が神を出し、神を現すように、あなたがたも自分の内から神を出すがよい。

その時はじめて、すべては神であると言えるようになるであろう。

これまで出された垂訓の内、最大なるものは、『神を観よ』である。

この言葉は、あなたがたのまさしく内に、かつまた内から、さらにまた、他のすべての人々から、あらゆる栄光に包まれて輝き出る神を観ることを意味する。

あなたがたが神を観、神以外の何物も観なければ、あなたがたは神を、神のみを愛し崇《あが》めたことになり、初めて真に神を観たことになるのである。あなたがたは、主であり、律法を与える者であり、同時に律法の施行者である。

祈る時は、魂という密室に入るがよい。

そこで自分の内にましますす父なる神に祈れ。

父なる神は、密室での祈りを聞き給い、公に応え報い給う。

祈り、かつ全世界に神のものをより多く与え得ることに感謝せよ。このようにすれば、物の見方は高度かつ高尚となり、視野は広がり、理想は高邁とならずにはいられないであろう」

ここで、垂訓は終わりました。

一同はテーブルから起立し、大師たちは、別れの挨拶を述べて立ち去って行きました。私たちはしばらく残って、当夜のいろいろな体験を話し合った後で、村の宿舎に帰ることにして、さて帰ろうと思って立ち上がった時、すぐこうした思いが頭をよぎりました。

「外は明かりもないのに、一体どうやって歩いて行ったらよいか」

実際、隊長以外の全員が、その思いを口にしたのです。その時隊長は、

「習慣というものが、どんなに我々にこびりついているものか、どんなに我々が旧来の考え方にしがみつくものであるか、これで皆も判っただろう。

我々は今この室内にいて、完全に光の中に浸されている。我々が大いに愛するようになった大師方が去られた後も、この光は薄れていない。今こそが、毅然と独立独行を示し、今まで体験してきたことを成し遂げる能力のあることを示すチャンスじゃないか。この体験を、他の人に対してはともかく、自分自身だけにでも活かし、勇気を出して、大願成就に乗り出そうじゃないか。

なるほど、私たちは驚嘆すべき大師方について一生懸命学んできただけに、片時たりともこの方々がいなくなるのは、文字通り痛い思いだ。しかし、大師方が先刻ご承知の通り、

もしもこんな些細《ささい》な事柄にでも、自らを頼めないようであれば、さらなる大事など、到底成就できるわけがないと思う。大師方がお帰りになったのも、実は我々にもやれることを実証する機会を与えてくださるためだったんだよ。僕はただの一瞬でも、これを疑わない。この緊急事態を受けて立って、それを克服しようじゃないか」

一同が出掛けようとすると、隊員の一人がまずその方法について瞑想しようと言い出しましたが、隊長はきっぱり、

「いや、行くのなら、今行くんだ。もうこれまで現に見たり体験したりしたんだから、今度は、実行だ。実行するからには、キッパリと断行することだ。さもなければ、全く相手にされなくなるぞ」

と、言い切りました。

そこで、私たちはすぐに階段を降り、幾つもの壁を抜け、トンネルを抜け、梯子《はしご》を降り、遂《つい》に目指す村に到達した次第です。歩むにつれて、行く手の道は完全に明るくなり、肉体は重量感がなくなり、いとも簡単に移動できました。

宿舎についたときには、さすがにやり遂げた嬉しさで一杯でした。

その時以来、村を去るまで、私たちは人工の照明を必要としなくなり、欲するままに往

来したものでした。また、宿舎に戻ると、宿舎内が、ひとりでにパッと明るくなり、その暖かさと美しさは筆舌の及ぶところではありませんでした。

私たちは部屋に入るとまもなく、すぐに就寝しました。翌朝遅くまで、ぐっすり寝入ってしまったのは言うまでもありません。

第2章

馬賊団の頭目に向けて女将の発した波動の超パワー

T字型十字（Tau Cross）寺院のある村が襲撃計画のターゲットに……

翌朝宿舎で朝食を摂ると、そのまま寺院の階上の部屋に行きました。もはや部屋の区切りや、その他行動を制限するものは、あっても事実上は無いに等しいので、特別に努力するまでもなく、自由に動き回れました。階下の記録室に行こうとすると、もうそこにいるのです。

大師たちがいなくても、この空間移動ができたので、初めて大師たちが引き揚げて行った理由が判り、また自分たちがそこまで到達できたことが嬉しくてなりませんでした。

4月1日は、足早に近づいていました。すでに寺院の各室の記録に関する仕事も完了し、外の岩面に刻まれた無数の文字や彫刻の図面を慎重に作る仕事に取り掛かっていました。集中力が高まり、仕事は極めて順調にいきました。

ところがある日の午後、村に飛脚がやって来て、村人たちに取り囲まれていました。その様子を見ていると、何か判らないけれども、尋常でない事件が起こったようでした。私たちは仕事を中断して村に行き、女将に会って初めて、下の谷間で盗賊の一味が勝手なふるまいをしているというニュースを飛脚が持って来たことを知りました。

この村は、長年の間、盗賊たちの襲撃計画のターゲットになってきたために、この報せで村民は非常に不安を募《つの》らせました。

かねがねT字型十字（Tau Cross）寺院には、たくさんの宝物が隠されているという噂が遠くまで広まっていたのです。しかし、寺院のあるこの村を襲う計画は、これまで幾度となく失敗していました。盗賊たちはその理由をほとんど、下の谷間に住む人々の抵抗のせいにしてきました。

このT字型十字（Tau Cross）寺院の小村に近い住民たちの抵抗する気勢を挫《くじ》くために、今や幾つかの盗賊集団が力を結集し、そのうち武装騎乗に優れた約４０００人の一隊が谷に襲いかかり、荒らしまわっているというのです。盗賊たちは、これで今までよりも大きな収穫が挙げられると期待しているわけです。

一方、谷間の住人たちは、大部分が殺戮され、その抵抗もすでに極限に達しているので、どうか残りの村民たちを救って欲しいと、飛脚は訴えています。

しかし、飛脚が得たのは、この村には応援に派遣できる者は一人もいないという返事でした。

女将は、飛脚に対し、「大丈夫、自分の村に帰れるし、また、村の人々にも損害はない」と保証しました。私たちは、村人たちの不安を気にしながら、仕事を続けました。村人たちの不安は、私たちにも伝わってきました。

記録書類の参考となるこの仕事を早く完成したかったので、翌朝もまた仕事を続けました。これが完成すれば、完全正確な歴史が出来上がりますし、また、他の記録の在り場所についても参考になることは確かでした。ですから、今は世界の最も辺境となったこの広漠たる土地を占めている、古くてしかも極めて高度の文明の歴史の跡を探ることが出来るようになろうという矢先に盗賊たちが襲ってきたのでは、せっかく蒐《しゅうしゅう》集したこれらの資料も失われるかもしれないと思うと、私たちは不安になってきました。

私たちの労苦の結晶であるこのコレクションは全部記録室に収めてあり、この記録室はこれまでにも盗賊たちによる数度の襲撃にもよく堪《た》えているそうです。

その日の夕方、私たちは、女将に何か村民救援策はないものかと相談しながら、こんな時に大師のいないことに驚きもするし、不思議にも思うと話したところ、女将は、「飛脚がこちらに援助を依頼した以上、盗賊たちは襲撃を中止しなければならないだろうし、また、そうしなければ自滅する」とも答えました。

私たちは、どうやら自分たちの安全ばかりに気を取られ過ぎていたことに気づき、その夜はそのまま寝ました。

美しき女将の波動で金縛りに合った憐《あわ》れな盗賊

翌朝早く起き、仕事に取り掛かる準備をしているところへ、件《くだん》の飛脚がやって来て、下の谷間の住民たちへの攻撃は止み、盗賊たちは32キロ下の方に全勢力を集中しており、この小村に最後の集中攻撃を仕掛けるらしいと知らせてきました。

女将と2、3名の仲間が、ひと塊の村人に囲まれている飛脚と立ち話しているところへ、騎馬の男が一人で村に乗り込み、私たちの所に向かってきました。

他の村人のそばを通り過ぎたとき、彼らは、はっきりとその正体に気づきました。彼らは、途端にパッと散ると、一目散に逃亡しました。

騎馬の男がこちらに近づいてくると、飛脚がその男の名前を大声で知らせたので、他の村人もビックリして、飛脚と一緒に逃げてしまいました。明らかに、この男の後から、盗賊の一隊が追いかけてくると思ったようです。

その場に居残ってこの男の接近を待っているのは、女将と私たちだけでした。

彼はやがて手綱を引いて馬を止めると、居丈高に隊長に向かって口を開き、彼の仲間の盗賊たちは、私たちがよそ者であることをよく知っているし、また、私たちの仕事のことも非常によく知っていると言っているらしいのですが、何しろ言葉が判らなくて戸惑っている私たちの様子を見ると、誰か通訳する者はいないかと聞きました。

そこで女将が、馬上の男に向かい、「お役にたちましょう」と申し出ました。

最初、男はひどい電撃でも受けた様子でしたが、落ち着きを取り戻すと、弾《はじ》かれたように馬から飛び降り、両手を伸ばして、私たちにも判る言葉で、「あなた様がここにいらっしゃったのですか」と言いながら、女将に駆け寄ると、両手を頬にあてて、彼女の前にひれ伏して許しを請いました。

女将は、立って、使いの趣旨を述べるよう命じました。

彼女は、一瞬の間、怒りで燃えんばかりでした。感情の表出があまりにも激しいため、その男は、もちろん、私たちまで完全に恐怖に駆られ、おろおろするばかりでした。

「卑怯者《ひきょう》、人殺し、さあ、前に出て使いの目的を言うがよい」と、叩き付けんばかりでした。

男は、またも両膝をついてしまいました。再び言葉が火のように飛び出しました。

「立ちなさい、立てもしないほど、根性が腐り果てたのですか？」

この男が、恐ろしさに縮み上がっているのも無理はありませんでした。

私たちにしても、その場に完全に釘付けになって、微動だにできなかったからです。

彼は、もしできるならば、その場から飛んで逃げたに違いありません。

しばらくの間は、私たちもその男も、物を言う力も、動く力も、すっかり失ってしまいました。男は、へなへなと地面に崩れ落ちて生気もなく、両目はボーッと見開いたまま、口も開いたままでした。

卓越したパワーを持っている大師たちとのこれまでのお付き合いの中でも、その方が激しい感情を露わにするのを見たのは、これが初めてであり、また、後にも先にも、この一度だけでした。

盗賊だけでなく、私たちも、全く度胆《どぎも》を抜かれました。その波動は、物凄い爆発時に生じる衝撃のように、はっきりと私たちにぶつかり、その後に電撃のようなものを伴って、私たちの言語だけでなく、筋肉までをも麻痺させてしまいました。そうとしか、表現できない感じでした。

女将のほっそりとした、気取りのない、たおやかな外見から考えた場合、これらの波動に私たちが金縛りに合うということは、ただ不思議でしかありません。

この状況は、ほんの一瞬しか続きませんでしたが、緊張が和《やわ》らぐまでの間は、まるで数時間も経ったかのように思われました。私たちは、銅像のように釘付けになっていましたが、その瞬間、盗賊に対する大きな憐《あわれ》みの情がこみあげてきて、思わず男のところに駆け寄って、助けてやりたくてたまらない気持でした。けれども、それは一時の反応で、私たちはただ、女将を見つめて立っているのみでした。

しかし、すぐに局面は変わりました。

まず女将の顔にハッとした様子が浮かび、やがて何時もの優しい表情に変わると、私たちの上に、大きな同情の波が押し寄せてきました。

私たちは、地面に這いつくばっている男の所に駆け寄って行きました。女将も、男の手を摑み、彼の上にかがんでいました。私たちは、再び神秘の念に打たれ、「一体いつまで不思議なことが続くのだろう」と言うのが、精一杯でした。

男は間もなく意識を取り戻し、助け起こされて、手近な椅子の上に楽に座らせられましたが、家の中に入ることは、頑として聞き入れませんでした。

馬賊団の頭目は「地獄から出て来た最悪の黒い悪魔」

女将は、先ほど吐露した激しい感情が私たちに及ぼした影響に気づいて詫《わ》びました。

私たちの身体の震えは、いまだ止まず、元の平静を取り戻すまでは、若干の時間がかかりました。

女将の説明によると、この男は、ゴビ砂漠のこの地方にはびこる最も悪名高い盗賊団の一団の頭目で、中でもこの男が一番命知らずで残忍なために、人々は、この男の名前を口にすることすら、恐怖に駆られるのでした。

この男の通称を文字通り翻訳すると、「地獄から出て来た最悪の黒い悪魔」という意味でした。この男の人相を真似た仮面が多くの村にあり、村や村民の悪霊祓いの儀式には、これを被《かぶ》るのがしきたりでした。

女将は、前にこの男の襲撃が二度も失敗した時に、この男に接触したことがあり、その都度この男は女将や大師たちに、心底憎しみを表し、時にはわざわざこの方々を困らせたり、乱暴なメッセージを伝えてきたりしていましたが、大師たちは、これを全く無視してきたのです。

この男が、突然姿を現しただけで、女将に否応なく当時のことを思い起こさせ、一時的とはいえ、女将の激昂となった次第です。

しかし、女将は、完全に平静に立ち返ると、男へ寄って行きました。

彼女が近づいてくると、男は立ち上がろうとしましたが、叶わず、ただ縮こまって余計硬直して座るだけでした。完全に恐怖の態でした。彼の身体の動きの端々に憎悪が見えはしますが、体そのものは、まるで中風にでもかかったかのように、震えています。もう完全に冷静沈着を取り戻し、なんの怒りの感情もなく、最も精巧なカメオのように、美しい彫刻にも似た女将とは、驚くほどのコントラストをなしていました。

私たちは、この男を何とかしたいと思いました。

しかし、その思いを言葉に出したわけでもないのに、女将は片手を挙げて、黙っているように合図しました。隊長には、彼女がこの場の収め役であって、私たちが下手に動けば、却って笑いものになることが判っていました。私たちは、女将と男の話声が聞こえない所まで後退しました。

女将が静かな調子で相当な時間話した末、ようやく男はなにか一言返事をしました。

男が話し出すと、女将は私たちに寄ってくるようにと合図をしたので、私たちは二人の前の地面に座りました。私たちとしては、男の不安を和らげることであるなら、なんでも喜んでしてあげたい気持ちだったのです。

彼は、自分よりも上の頭目たちを説き伏せて、T字型十字寺院に隠されているはずの宝物を引き渡させる交渉を村人たちとする停戦使者としてやって来たそうです。

もし宝物を引き渡せば、今後は略奪はせず、また虜《とりこ》にした者（3000人以上いるという）を引き渡すことに同意し、その上直ちにこの土地からも引き揚げて、谷間の住民を二度と略奪しないという条件です。

女将は、盗賊たちにとって、価値のあるような宝物などはないと答え、詳しくその事実を説明して、寺院の各室その他この男の望むところならどこにでも案内すると申し出ましたが、男は、人質にされてしまうからと言って、この申し出をにべもなく撥ねつけてしまいました。いくら私たちが大丈夫だからと請け合っても、この男の恐怖心を打ち砕くことはできませんでした。

しかし、女将がこちらの誠意をもう一度保証すると、今度は掌《てのひら》を返すように私たちの言うことをすっかり信じるようになりました。

ところが、そのためこの男にとって厄介なことが起こったのです。というのは、この男の話では、この襲撃を扇動したのは実は他ならぬ彼自身であって、他の盗賊たちの想像を煽《あお》って宝物の略奪欲をかき立て、成功の暁《あかつき》には、自分たちのものになるはずの宝物を、生々しいまでに、巨大な物に描き上げたのです。

事実、この男とその父親はこの宝物を略奪する約束の下にお互いの手下たちを連携させ、その上この襲撃のために他にも五つの盗賊団を統合して、その首領になったのは、この男だったのです。

もしこの男が、結局宝物は何もなかったという報せを持って仲間の所へ戻ろうものなら、すぐ裏切り者の烙印《らくいん》を押され、裏切り者としての扱いを受けるだろうというのです。なるほど、無理もない話です。さっきまで、熱心に仲間を急き《せ》立ててきたのですから、いまさら予定の計画を思いとどまらせようとしたところで、皆はそれを信じないでしょう。

この男にとって、これは確かに進退極まる問題でした。

ところが、驚いたことには、女将が盗賊たちのアジトまで、この男について行くと言い出したのです。これに対して、私たちは抗議したのですが、却下されてしまい、女将はすぐに出発の支度に取り掛かりました。

危険なことは何もないのであって、かえって私たちがついて行けば、盗賊たちに疑念を抱かせ、皆が大きな危険を被ることになると注意されたので、私たちは、おとなしくそれに従うことにしました。また、他にどうすることもできなかったのです。

男は自分の馬にまたがり、女将がその後ろに乗るのを、私たちは手助けしました。

この二人が村を出て行くときの様子を私たちは決して忘れることはありません。それは、私たちの記憶に永久に残るものです。

馬賊の全身には、恐怖の様子がありありと表れているし、その後ろでは、女将が静かに落ち着き払って、私たちに微笑みかけています。事態がこうなった以上、当然私たちは残りの半日は仕事への興味も失い、日没まで村中をただ当てもなくぶらぶらするのみでした。

宿舎に戻って女将の帰りを待つことにして、宿舎の部屋に入ったところ、テーブルの上には、美味しそうな食事が満載でした。

そのうえ、テーブルの上席に、先ほどの女将が座っていて、いつもの婉然《えんぜん》とした微笑みを湛えて私たちに声をかけたときの驚きは、皆さんにも想像できるでしょう。文字通り、私たちは口も利けませんでした。言うべき言葉が見つからないのです。

女将は、つんと取り澄まし、「みなさん、まずご挨拶から」と、いかめしそうに言うのでした。そこで私たちも敬礼して挨拶しました。女将は話し始めました。

「あの男たちを説得することには、完全に失敗でしたが、それでも次の三日以内に、私に返事をすることには、同意してくれました。その返事というのが、襲撃の実行であることは判っていますが、あの哀れな男の命を少なくともこしばらくの間は、救ったことになりました。あの人たちの包囲に対応する準備はする必要があります。あの男たちは、どんなにしてみたところで、襲撃計画を思い止まることはないでしょう」

とたんに、私たちほとんど全員が、これまで温かく抱き続けてきた夢が儚《はかな》く消えていってしまうのを悟りました。

女将は、私たちの心中を読み取ると、次の詩を繰り返し唱えるのでした。

人生の難所に陥ったとき
全力を尽くしてもなお
周りにも後ろにも道はなく
突き進むほかに道なきとき

魂を鎮めて神を知れ
さらば闇も嵐も去らん
神は風を鎮め、神は波を鎮め給う
神は汝の魂に語り給う
「ひたすらに進め！　ひたすらに進め！　ひたすらに進め！　ひたすらに進め！」と。

第3章

有害な想念を跳ね返す
純白霊光の偉力とその原理

イエスの想念が波のように心に流れ入って来た……

私たちが食事を済ませてテーブルから立ち上がると、女将は私たちを庭に案内してくれました。驚いたことに、そこには、すでにイエス、エミール、ジャスト、バド・ラーが座っていました。私たちも、その中に入って腰を下ろしました。

耳にこそ聞こえはしませんが、仲間の者たちから、「ああ、よかった」という安堵《あんど》の溜息が洩れるのを感じとり、どれだけ自分たちがこの方々を頼りにするようになっていたかに、いまさらのように気づかされました。それはちょうど、我と我が身を鋼鉄の帯でしっかりとこの方々に結びつけたようなものでした。

それがいけないことであることが、判らないわけではありません。自分がただの操り人形に成り下がらないためには、人生というこの大事業の中で、自分たちの役割を果たさなければなりませんし、自分自身で立ち上がり、完全に自分自身に頼らなければなりません。

そうしなければ、この方々は、せっかくの紐帯《ちゅうたい》を、完全に切り離さなければならないことにもなるでしょう。このことについて、後に隊長からも、詳しい訓話がありました。

夕方といっても、まだ早く、薄れゆく夕日の柔らかな光が、すべてを満たしています。その豊かさと美しさは、直に見なければわからないものです。風は微動だにせず、私たちを呑み込むかと思われる静寂を妨げる物音ひとつ立ちません。先程まで確かに心に重くのしかかっていた盗賊たちのことも、いつの間にか消え去っていました。

静かで平和です。自ら体験する他には、理解のしようもない、かの美しき完全なる安らぎの情感が一面に漂っています。静かに動き行く光の大いなる流れの中にある心地です。

突然イエスの声が聞こえた気がしました。

それは、言葉として発せられたものではありません。言葉としてではなく、想念のままの、純粋な、流れるような律動的な波動、としか言いようがありません。

それは言葉よりも、一層明瞭でした。そのリズムと抑揚は、表現のしようもありません。イエスの想念が波のように心に流れ入り、しかもそこに根を張るかのようです。これは、全く初めての体験でした。

以下は、それらの想念というか、考えというか、それがやって来る都度、一応速記文字にしておいてから、該当する言葉や文に直し、その後、大師たちに見てもらい、その承認を得たものです。

イエスの説法／調和した想念の波動の下に生きることが「神の国」へ入ること

「『見よ、神の子キリスト此処《ここ》にあり』と、私が言うときには、私は神人を観ているのである。

私はこの肉体を神の真の宮、大いなる創造原理が自由に流れ回り、また流れ出る完全なる器あるいは経路とみなしている。このような、自由な流通の状態にあるとき、初めて神のこの創造物は、神の姿、形として無垢《むく》清浄なものとなったのである。我神なり。この態度をもって私は随所に主となって、勝利に輝く神のキリストとして随所に現れる。

私が崇拝するのは、このような考え方であり、私の崇拝するものは、必ず実現するのである。

しかし、もしもI AMという真言が、全人類に神をもたらせるのでなければ、私にしても、神を顕現することは決してできない。

このような態度をとることによって、人は随所に主となる。そして、キリストは勝利に輝く。神と人は、手に手をとって歩み、一つとなる。この世界には、一つの原理、ただ一人があるのみである」

一人の隊員が、ちょっと考えてから、こんな質問をしました。

「どうすれば、私たちでも、そのような光が出せて、実際に役立てられるでしょうか？」

すると、次のような答えが返ってきました。

「それは、自分の身体を、この大いなる創造的放射原理が流れる発電機とすることである。まずこの原理を、あらゆるパワーを放射するものと観じ、それが、あらゆるパワーの根源であることを把握することである。

そうすれば、あなたがたの身体はちょうど、発電機のように、このエネルギーを集めて増強するようになり、やがて純白な光の流れとしてそれを放射する。すると、何者もこれに抵抗することはできず、何者も、あなたたちを傷つけることはできなくなる。

また、あなたがたは、この光の筋に、強烈な電気エネルギーの衝撃力を加えることもできるから、あなたがたを害しようとする者は、この衝撃に遭い、その肉体は破壊されてしまう。

このエネルギーに抵抗でもしようものなら、直ちにその量、従ってその速度が増強されるから、抵抗する者や横車を押そうとする者は、かえって自分自身が傷つくだけである。

しかし、なんら抵抗がなければ、この光は、逆に本人や相手に対して、癒しの香油となって注ぎ入れられる。それは、純粋な、神の光とパワーである。その自由な流れに抵抗がなければ、常に他のパワーとも融合する。

また、それは、最高の振動数で振動するために、すべての波動がその中で完全に調和して振動する。従って、神の波動とも一致しているから、いかなる害も受けることはない。人が神の波動に抵抗しない限り、彼に害を与え得るものは絶対ない。**波動は生命である。**

あなたがたは、実相においては、常に神との一体の中に在るのである。

こういう態度を持していれば、かりそめにも神と離れるということは、あり得ない。**神から分離しているとすれば、それは、神への抵抗であって、それが不調和をもたらすのである。**

あなたがたが、『聖なる山』に立つならば、すなわち神との一体の中に在るならば、いかなる悪しきものも、あなたがたに近づくことはできない。

しかも、これは何も少数の人々だけの特権ではなく、すべての人々のものでもある。

I AM（実相なる神我）こそは、大いなる絶対的原因者、絶対的根源である。

その中において、すべての子等は神と一体となって在るのである。こうして万物は、法則（すなわち最高の波動が生じる想念を起こすこと）の下に生きる。

万物が帰属し、万物が一家族を成しているこの圏内、この王座には、いかなる不調和な波動も入ることはできない。この状態が、すなわちあなたがたの言う『神の国』なのである」

自らに向けられた有害な想念を光の速さで発信者に跳ね返す

「このパワーは、あなたがたに向けられた虚妄、有害な想念、あるいは欲念を跳ね返すのに用いることもできる。望むなら、あなたがたは神の力を付与して白光線を強化することができる。そうすることで、虚妄、有害な想念、欲念の発信者によってものや状況の内に込められ、自らに向けられたエネルギーを、あなた方は強めると同時に変換し、反射器に導き、光の速さで発信者に向けて跳ね返すことができるのだ。

このようにして跳ね返すと、そのエネルギーは、あなたがたに向けられたときのように低い振動数のものではなく、純粋な白光線となっている。そして、発信者の元に届くと、その衝撃はとても強く、発信者の身体を破壊してしまうこともあり得る。

あなたがたは、発信者が誰であるのか、もしくは振動がどこから発せられたのかを、知っている必要はない。振動は、寸分違わず発信源に戻るのである。審判、すなわち応報の日が来たのだ。『与えなさい。さすればあなたがたは、良き量り（神の量り）で与えられる。押さえつけてもなおあふれるほどに』

あなたがたは、神のパワーを変換して、抵抗できないパワーでこれを放射することができる。これが、あなたがたが見ている、私の身体から発する光線なのである。

しかし、このような光線が、そこまで強力ではないにしろ、あなたがたの身体からもやはり出ているのである。あなたがたが、法則と原理の下に、このパワーを自主的に使用するなら、この光のパワーを高め、意識的にそれを支配して、何であれ善き望みであるかぎり、それを成就することができる。

ゲッセマネでの私の姿を芸術家が描いているのを見ると、光が天からではなく、私の身体から出ている。この光は、私の身体の中から出て、反射システムによって放射されたのである。この光線は、人が聖なる遺産を受けた神として、万人一体なる神のキリスト（神人）として円熟すれば、すべての人の身体から発する。

このことは、全人類のモットーとすることができるし、またモットーでもある。人類同胞のすべてが、このすべてを吸収する者となれば、同胞の相互間に不調和のあるはずはないのである」

善悪の想念は四乗となって還ってくる！

「さて、話を元に戻して、この白光線、すなわち神力を加えて放射した神光を増強し、これに最初あなたがたに向けられたパワーの一万倍、あるいは十万倍もに変換したパワーを加えて放射し、それをもと来た道に飛び去らせるとよい（それは、命令のままに動く）。

相手がこの光線を神来の光として受け取るならば、初めに謀った害意もすべて赦《ゆる》され忘れられて消え、あなたがたにも害意を送った側にも害はない。そうなれば、あなたがたも相手も、共に神と一体なるものとして相対することになる。そこには不調和の代わりに完全な調和があり、あなたがたは本来の一体状態に戻っている。

もし害意を放射した者が、自分に向かって放射された白光線のパワーすべてを素直に受け入れなければ、その肉体は破壊されてしまう。この純白光線の働きをそのまま放置すれば、害意や不調和の波動は、すべて完全に消滅される。

しかし、もし妨害するならば、頑固に妨害する者自身が完全に消されるだけである。抵抗は、かえって、その抵抗力の四乗分だけ創造原理のパワーをすべて逆に自分に引き寄せてしまう。四乗とは、抵抗しているパワーを、四回掛け合わせたものである。故に、善悪いずれにせよ想念を放射すれば、それは四乗になって還ってくることが、これで判るであろう。

こうしてあなたがたは、悪に対する主に、善すなわち神を与える法則となったのである。とはいえ、謙虚であれ。裁いてはならない。この純白光線に、あなたの持てる限りの愛を添え、しかもその愛が、真の神の純愛であり続けるようにして放射せよ。

これが成就できたとき、目に見えない善霊たちが、あなたがたの指揮下で働くようになる。しかし、それでもなお、あなたがたは心おごらず、柔和で謙虚に、喜んで光に従いなさい。あなたがたが従うのは、神の純粋光であり、それは久遠にして限界なき生命、愛、清浄、美である」

全想念を集中して七つのチャクラから一斉に放射する

「あなたがたの身体には、放射システムとして使用し得る七つのチャクラ（訳者注＝霊的エネルギーセンター）がある。このチャクラは、どのような人口光線よりも遥かに強烈な光を出すことができる。この光を放射しようと思うだけで、そこから強力な光が輝き出て、いかなる電気の光よりも遥か遠くに届く。

これらのチャクラをすべて同時に発光させれば、何ものをもってしても貫くことのできない鎧《よろい》を完全に纏《まと》ったようなものである。

あなたがたがこの光に活力を与えるなら、実際に自分の肉体が真昼の太陽よりも遥かに強烈に輝くほどの、強力な神の純白光線を放つようになる。

その時、あなたがたはすでに天地の主、万軍の主となったのである。

勝利に輝きながら、しかも平和に満ち、愛深く、肉の中に、しかも美しく霊にして神聖なる肉の中に住まう真実なる神となっているのである」

以上の、声なき波動が私たちに伝わってきたとき、イエスとそのご一行から発する光は、まさに直視しがたいほどでした。

その輝きはすべてを貫き通し、その様子は液体状の黄金にも似ていました。霊眼には、ただ定かならざるものが映ずるだけですが、他の五官すべてによれば、それは堅固な岩でした。再びイエスから波動が波及してきました。

「あなたがたの全想念を、純白の神の光に明確かつ完全に集中して、反射システムとして7チャクラから一斉に放射すれば、このように肉体は俗眼には全く見えないようにすることができる。

また、これらの光線の内、どれか一つを増幅して、あなた方を害しようとする人たちに、思いのままの情景や姿を現すこともできる。さらに、この光線に乗って完全に光速度で進み、望む場所に瞬間的に身を現ずることもできる。

見通す力のない人々には、あなたがたの肉体は目に見えず、俗人を超越する。しかし、彼らは自分たちの理解を超えた何かがあることには気づいているので、あなたがたの現じる姿や情景にはすぐに感応する。

彼らにとっては、自分たちが理解しえないものは、神秘的、超自然的なものだと思い込む。従って、恐怖や迷信に落ち込みやすいので、その傾向はたやすく誤った方向に導かれるものである。ゆえにあなたがたは、自分に害を加えようとする者に愛を送ることである。彼らの出すエネルギーは彼ら自身に反射して還っていく。

彼らはしきりに害意を放射しているが、それは彼らの下級我が相手を敵と信じ込んで闘っている姿である。しかし、実際には、彼らは自分自身の下級我と闘っているのである。従って、時には親友をも敵とし、また兄弟相せめぎ合うこともある。

この盗賊たちが、しつこく襲撃の脅しをかけ、また実際に襲撃をするならば、結局彼らは、お互いに殺し合うことになるだろう。しかし、この地方とその住民を荒らさずにそのまま立ち去ることもできる。そうしない限り、彼らは自滅するだろう。

人はその同胞を殺そうとすれば、必ず自分も同じ運命にあうのである。

私たちとしては、彼らにただ神の愛の純粋な白光線を送るだけである。

もしこの愛に憎悪、怨根あるいは復讐をもって抵抗するならば、結局彼らは自らの自由意思をもってこの光線を火炎に転じ、その餌食となって焼け尽くされるであろう。

ゆえにあなたがたは、何も恐れる必要はない。ただ、愛を与えるだけである。といっても、その愛を受け入れるように強制する権限はない。もし盗賊たちが愛をもって来るならば、そこには何の障害も起きない。いずれにせよ、愛を出す限り、当方の大義名分は、すでに勝利を得たのである」

ここまで来たとき、使いの者が村に接近してくるという知らせが入ったので、私たちはその男に会いに出掛けました。

使者の話では、盗賊たちは復讐を中止して、T字型十字寺院から約30キロ先にキャンプを張っており、救援の使いを出して以来、今のところまだ村人やその財産には害を及ぼしてはいませんが、村人の抵抗が続くものと見越して、捕虜を人質にしているそうです。そのうえ、寺院の宝物を明日引き渡さなければ、明日か明後日中には、この村も襲撃されるだろうという、もっぱらの噂でした。使者はまた、捕虜になった人たちからの伝言も言付かって来ており、村を守るために、皆すでに命を捧げているそうです。

しかし、使者が当方から受け取った答えは、このような犠牲は不要であること、しかしこの申し出に対しては、村民一同が心から感謝していることを伝えて欲しいということでした。

第4章

光線に悪自滅する／とてつもないパワーの源

侵略者たちの一団が雪崩《なだれ》を打って進撃してくる轟音の中、イエスの声が耳に響く

これで恐怖はすべて去ったので、翌朝から再び熱心に仕事に取り掛かりました。

2日目の朝、渓谷の岩壁に刻まれている若干の図形と取り組んでいると、突然私たちは、眺望《ちょうぼう》の利く向かいの渓谷の一段高い所に立っていた村の歩哨《ほしょう》に注意を引きつけられました。その男が村の方に何か信号を送っているのが、双眼鏡の視界に入ったのです。

間もなく村民が右往左往して、山塞の中に隠れ家を求めて、奥へ奥へと逃げ込んでいきました。皆ひどく興奮しているようすです。

やがて、耳を澄ますと、低い音ですが、雪崩を打って、進撃してくる地響きが聞こえます。もっと見晴らしのきく一段高い所に登って行った隊員が、「人馬もろとも砂煙をあげて、渓谷の入り口に進撃してくる」と叫びました。

そこで私たちは、近くのクレバス（裂け目）に器具類を隠すと、この隊員と一緒になって、周りの切り立った岩や巨石の間に隠れて盗賊団の動きを見守っていました。

盗賊団は、渓谷に入るといったん停止し、その中の五十騎が尖兵となって前進すると、残りの全集団は馬に鞍《くら》を当て、滅多矢鱈《めったやたら》に早駆けで渓谷《けいこく》を登って来ました。

岩床の上を駆け行くけたたましい蹄《ひずめ》の音に、かてて加えて盗賊たちの雄叫びが形容しがたい騒音となって鳴り轟《ひび》きました。悲劇的な性質のものでさえなければ、このような人馬の大集団が怒濤の如く進撃するのは、実に一大壮観だったはずです。

渓谷の壁がほとんど垂直に近い状態で、私たちのいる所は恰好《かっこう》の隠れ場所となり、盗賊たちが、大津波のような力で進撃していくのを、直接見下ろすことができました。

侵略者の先行の軍団が、私たちの潜んでいる下を駆け抜けると、本隊の先頭が早駆けに近づいてきます。しばらく集落の方に双眼鏡を向けて見ると、上を下への大騒ぎです。

先程まで岩棚の上で仕事をしていた一人の隊員は、仕事を止めて進撃していく群盗を見ていましたが、今度は向きを変えて、寺院の真ん中の部屋の入り口に通じるドアの奥をじっと見つめていました。

やがて私たち一同の双眼鏡は、ドアから出て、岩棚の上に降り、そのまま真直ぐ端まで歩いて行き、威風堂々としばらく立っているイエスの姿に集中しました。この岩棚は、私たちの隠れている所より約240メートル高く、4・8キロほど先にあります。

私たちは、イエスが何か語っていることにすぐに気付きました。

次の瞬間、そのお言葉が明瞭に伝わってきました。

岩棚にいた同僚は座って、速記でノートを取り始めました。私もそれに倣いました。

後でお互いにノートを比較してみましたが、押し寄せる群盗団の轟音を超えて、イエスのお言葉がよく聞き取れていました。後で聞いたことですが、イエスは抑揚《よくよう》のよく利いた自然のままの調子で語られ、別段声を張り上げられた訳でもなかったのです。

イエスがお話を始められると、村中が、さらに村民全体が、シーンと静まり返ってしまいました。

以下は、イエスご自身で英語に翻訳されたそのお言葉です。

仮に私が1万歳まで生き延びようと、このお言葉を決して忘れはしません。それは私の日々の熱願です。

完全なる沈黙の中でもなお、神の大いなる働きは存在する

「貴神の大いなる静謐の中に独り立てば、私の直中にましします父なる神は、至純の光を放

ち、私の全存在にある、あらゆる原子をその輝きで満たし、生命と愛と力と至純と美と完全とが、我が内なる全領域に満ちる。この光の直中を見詰めれば、水の如くにも柔らかく、黄金白色に輝くいま一つの光があり、より大いなる神の光という愛撫《あいぶ》の火を吸い、生み、放っている。

私は今、私が神であり、神の全宇宙と一体であることを知る。私は我が父なる神に囁《ささや》く。私は平安である。この完全なる沈黙の中でもなお、神の大いなる働きは存在する。

また、私を妨げるものはなく、私の周囲はことごとく全き沈黙である。

今やこの光は、神の広漠たる宇宙に広がり、至る所に神の目覚めたる生命の存在することとを、私は知る。敢えて再び言う、私は神である、私は黙し、私に恐るべきものは一つもないのである。

私は、我が内にキリスト（神なる実相・理念）を高く揚げ、神の広漠たる宇宙に広がり、インスピレーションは囁く。我が内にあって、大いなる母である神は、次第に高い声もて新しき生命を歌う。新しい日毎に、より高く、より明らかに、インスピレーションは、我が思いを高め、遂に神のリズムに同調する。

再び私はキリスト（神なる実相・理念）を高く揚げ、いよいよ耳を澄ます。

それは歓びの楽《がく》を聞くためである。私の基調の調べは調和、私の歌の主題は神――神は我が歌に真理の証を与え給う。

見よ、我新しく生まれたり。キリストここに在り。

我が父なる神よ、貴神の霊の大いなる光によって、私はすべての呪縛から解脱《げだつ》している。私の額に貴神の徴《しるし》は置かれ、私はそれを受ける。我が父なる神よ、私は貴神の光を高く揚げる。再び私はそれを受ける」

侵略者たちへ放たれた目も眩《くら》むばかりの純白の光！

イエスが語り終えると、その聖体の太陽叢の真ん中から、目も眩《くら》むばかりの純白の光がサッと渓谷を貫き、先駆していく群盗の少し先の峡谷が、急角度で左折するあたり近くまで放射されました。

この光芒の尽きる地点に、突然石壁のような大きな障害物が立ちはだかり、大きな燃える矢の如きものを放っています。それまで、狂ったように、ひた駆けに駆けていた馬の群れが、それを見ると突然脚を止めてしまいました。はずみを食って馬上から何名かが落ちていきます。

馬は一瞬、頭と前脚を揚げて空中に静止し、今度は向きを変えたかと思うと、手綱も利かず、完全に統制を失って、一目散に渓谷を駆け戻って行きます。やがて本隊の先頭のあたりまで来たので、鞍から投げ出されずに済んだ連中が馬を制御しようとしましたが、無駄でした。

この連中の馬と、落馬して騎手を失った馬の群れが、もつれあうようにしてこの先頭の隊列に蹴り込んできたため行進が阻まれてしまいました。ところが、後続の隊はそのような危険も知らずに前進して、先頭の隊列に怒濤《どとう》のように突っ込んでくるため、眼下の渓谷は今や人馬の群れで沸《わ》きたぎっています。

暴走してくる前衛隊と、後からやって来る本隊の先頭が衝突して巻き起こす人馬の阿鼻《あび》叫喚《きょうかん》をよそに、一瞬すべてが死のような沈黙に襲われました。

すると、なんと、恐るべき情景が新たに展開されました。

騎手がいなくなり、制御する者もなく、全く自由になった馬の群れが、先頭の隊列の上に真正面から突っ込み、ますます多くの者を落馬させては、さらに混乱を強めていくのです。恐怖に駆られた馬群は後ろ足で立ったり、突っ込んで行ったり、大きく嘶《いなな》いたりし始めました。しかも、この混乱がやがて眼下の渓谷に固まっている人馬に次々と波及してゆくのでした。

突然、盗賊はめいめい短刀を抜き、闇雲に斬りつけだしました。

一方、他の連中は銃を取り出し、逃げ道を作ろうとして仲間や馬を撃ち出しました。

もはや、これは弱肉強食の修羅場です。

やがて、谷間のあちこちに死傷した人馬が折り重なって散らばり、今はと畜場と化したこの場を辛うじて免れた連中が、一目散に逃げていきます。

こうして、ようやく終止符は打たれたのです。

私たちは、負傷者にできるだけの援助をしようと、急いで降りて行きました。

村の人々や大師たちも全員参加してくれました。また、広範にわたって遠いところまで使者を出して加勢も求めました。私たちは夜を徹し、翌朝の日の出後まで懸命に働きました。私たちが、おびただしいがれきの中から負傷者を救出すると、その世話はイエスや大師たちが引き受けてくださいました。

一番最後の男の手当てを済ませると、朝食に宿舎に戻り、部屋に入ると、驚いたことには、例の黒馬賊がエミール師と話していました。

エミール師も来ていたことには、皆その時初めて気がついたのです。師は私たちの訝しげな様子を見ると、「後で判りますよ」と、一言いうだけでした。

エミール師の登場／馬賊の頭領が善へと転じたわけ

夕食が済むと、私たちは隊長と一緒に外へ出ました。

隊長の話では、エミール師と隊長の二人が、重傷を負ったまま倒れている馬の下敷きになって動けなくなった男に会ったので、引き出してあげたうえで、仮避難所に連れて行き、できるだけ楽にしてやってから女将を呼んで引き渡したそうです。

この男は傷の手当てを受けると女将に、女将のような立派な人になるにはどうすればよいか、女将の神様に訊いてほしいと頼み、また、祈り方も訊いたそうです。

元気になりたいかと女将が訊くと、

「はい、あなたのように完全で丈夫な人になりたいです」

「完全を願った以上、もうあなたの祈りは聞かれています。今もうあなたは、完全に癒されているんです」

やがて男は深い眠りに入ってゆきました。

夜中、隊長が見回りに行ったときには、傷口は完全に塞《ふさ》がり、傷痕《きずあと》一つ残っていませんでした。男は起きて衣服を着けると、救助の手伝いをしたいと申し出ました。その他にも、何名か大いなる死の影に襲われかけていた者が、完全に元気を取り戻しているのを、私たちはこの目で見ました。

ところが、その中には、大師たちが近づいてくるのを見て、恐れ竦む者もいて、それがあまり酷いので、他の者から隔離しなければならないほどでした。

救助の仕事が済むと、私たちのいわゆる「黒い男」は、負傷した元の仲間の間を歩き回り、あらゆる方法でその恐怖を軽減してやろうとしました。多くの連中が、まるで罠にかかった動物のように、恐ろしい拷問にかけられた揚げ句殺されるものと思い込み、恐怖の虜《とりこ》になっています。

それが、捕まった馬賊に対して土地の法律が課する判決とあれば、無理もありません。そのように信じ込み、そのように心中深く定着してしまっている以上、私たちが親切にしても、なんの反応も示しませんでした。栄養をつけてもらい、元気が回復しても、拷問の苦しみをうんと重くするための手段としか信じていないのです。

遂に、皆の傷が癒えました。少数の者だけが、治癒が数か月遅れましたが、そのおかげで、拷問にかけれられる日も延期になった、と思い込んでいます。

例の「黒い男」は、負傷した連中の中から、彼に従う者を組織して、盗賊団の今後の襲撃に備える防衛隊を結成し、村民にも多数参加するように仕向けました。それからというもの、盗賊団は二度とこの地方を襲おうとはしなかったと、後になって知らされました。

後日、私たちの探検隊の内2分隊が、ゴビ砂漠へ行く途中この地方を通ったことがありますが、その時、この男が部下を引き連れて、この男の領分と隣の領分の中、約640キロ以上もの間を無事に案内し、しかも本人も部下も、なんの報酬も受け取らなかったそうです。

この男は残りの全生涯を無報酬で人々に捧げ、この地方全域にわたって善を推進する大いなる力となっていることを、度々《たびたび》聞かされました。

第5章

我神なり、神の愛、叡智、悟性なり

自分たちの生命を奪おうとした者たちの生命を助ける

2日目の正午までには、負傷者はほとんど全員手当てを受けたので、私たちは、あの修羅場で生き残った負傷者が取り残されていないかを確かめるために、一応の調査をすることにしました。

この仕事でひどく疲れ、休息と昼食のために宿舎へ引き揚げる道すがら、一人の隊員が次のように自分の思いを口にしましたが、実のところ、それは何時間もの間、皆が心の中で一番強く思っていたことでした。

「一体どうしてこんな大殺戮、生命の破壊が起きてしまったのだろう」

私たちは、骨の髄まで疲れ切り、そのうえショックで完全に参っていました。

それは救助作業が、特に初めのうちは、私たちだけでやらなければならなかったからです。というのは、村人たちは、かねがねこの盗賊たちに極度の恐怖心を抱いていたので、乱闘の中でもつれ合った馬の群れから多くの馬賊たちを私たちが救出した後でさえ、手を貸してくれと頼んでも、なかなか聞いてくれなかったからです。

自分たちの生命を奪おうとした連中の生命を救う手助けまでしなければならない理由など、彼らには、理解できません。

いずれにしても、死骸に手を触れることを極度に嫌う者も多かったのです。従って、もし大師たちがいなければ、彼らはすぐその場から立ち去ってしまって、二度とは帰ってこなかったはずです。そうでなかったからよかったものの、私たちは、これまでの全生涯の中で、もっとも恐ろしい経験をしたために、疲れ切って、げんなりしてしまいました。

宿舎に戻ってから、気を取り直してテーブルに着きはしたものの、完全にぐったりとなっていました。ほどなくして、食事が出てきました。

隊長は1、2名の大師と例の「黒い男」、リン・チュウと一緒に谷を降りて行き、留守だったので、私たちだけでした。食事を済ませると、部屋に帰って休み、翌日の午後遅くまで誰一人起きて来る者はいませんでした。

消えてしまった隊員の成し遂げた大悟

　衣服を着替えているとき、私たちが聖堂と呼んでいる寺院の上の部屋まで、まっすぐに行ってみようと誰かが言いだしたので、宿舎を出てから、これまでのように寺院へ向かって歩き出しました。

　トンネルの入り口に出る梯子のところまで来ると、先頭の隊員が一段目に片足だけ置いて立ち止まり、こう言いました。

「これは、一体どういうことだ。ほんの数日前までは、意のままにあちこち移動し、完成に数年はかかると思っていたものも3か月で仕上げて、第七天国の歓喜に浸っていたし、食事にしても、テーブルの上にひとりでに現れてきたものだった。しかも、僕たちの方では、何の努力もなしにだ。

　ところが、今になって突然、もとの木阿弥に戻ってしまったじゃないか。一体どうしてこんなことになってしまったんだろうか？

　そうだ、ただ一つだけは判る。僕たちは、皆これまでやってきたことを、ただそのまま受け取ってしまっているんだ。それが今、僕たちを邪魔しているんだ。だけど、僕だけはもうそんなものは御免だ。そんなものなんか、決して僕の一部じゃないんだ。それは、僕がそいつに頭を下げ、執着し、離さないから、僕のものになっているだけだ。しかし、僕はもうこんな状態なんかから抜け出して、いっそのことそいつを切り離し、いっそう高みの状態に至るんだ。僕は、そいつとは、完全に手を切るよ」

私たちが、歩みを止めて彼を見ていると、彼の姿が消えてしまいました。

この隊員が、とうとうやり遂げたのを目の当たりにして、私たちは、一時戸惑ってしまいました。私たちは、自分の前進を阻み、全くためにもならない状態に自分がまだ引っ掛かっているとよく判っていながら、思い切ってそれを手放そうともしなかったのです。

だから結局、私たちは、依然として梯子をえっちらおっちら登り、トンネルをくぐり、数々の部屋を抜けて目的の部屋にてくてくと行かなければなりませんでした。部屋に着くと、さっきの同僚はそこに居ました。

この人の成し遂げた大悟について話し合っているところへ、イエスと大師たちと隊長が姿を現し、岩棚の上に開いているドアから室内に入って来ました。一同が着席するとイエスが語り始めました。

自分が聖なる三位一体《さんみいったい》なのである

「人間が神の子であり、父なる神の持ち給うものすべてを持つと述べ伝える者が多くいる。確かにその通りである。

しかし、実はそういう人々が、勇気をもって一歩前進し、自分自身を神そのもの、神のすべての御徳と一つであると観じない限り、その教説は事実とはならない。そう観じて初めて、真理を成就したことになるのである。

まだ世俗の制約された考え方の中にある者が、内在のキリスト（神我）の顕現を観ると、肉体よりももっと精妙な身体が光を放っているし、内在のキリストを放射する者は、視力がより一層、精妙、明晰となり、広範囲にわたるようになる。

かかる人は、自分自身のより高級な身体が、有限体よりも高い周波数で脈動するのが見えるし、有限体も見えるのである。すると、彼は、この二つは別々の身体であると思い、自分の肉体から離れた外側に見える方を、別のキリストだと思う。

しかし、この二つに見えるものも、自分がキリスト（神我・実相）だと信じないが故の現象に過ぎない。このような人は、自らをキリスト（神人）であると宣言し、かつそのことを既成の事実として受け入れなければならない。

その瞬間、この二つは融合して一つとなり、真正なるキリストとなる。

この時初めてキリスト（神人）が、堂々と立ち現れるのである。

ゆえに、彼をして一歩前進し、神のキリスト（神人）ここに在りと宣言させよ。

その瞬間、彼は真のキリストとなったのである。今や神の子は、父なる神と一つになり、父なる神の許に帰還するのである。しかしなお、彼はさらに一歩前進しなければならない。これは最大の前進であり、最大の決意を要する。なぜなら、世俗的な考え方や制約からくるすべての恐怖を消除してしまわなければならないからである。

彼は前進しなければならない。神なる本源、父なる神に直行し、前例や迷信を恐れることなく、我神なり、神と完全に合一、融合せり、我すなわち神の愛、叡智、悟性なり、物質なり、本源にして最高原理である力なる神のすべての御徳なりと知り、明確に宣言しなければならない。しかも、全き謙虚をもって、それを自ら受け入れなければならない。こうした人こそが、神を顕現するのである。

こうした人を通じてこそ、神のあらゆる御徳が全世界に流れ出るのである。

こうした人を通じてのみ、神は神自身を顕現し得るのである。

こうした人にとっては、不可能なことは何一つない。己自身を神と合一させれば、何一つとして、不可能はないのである。父なる神の持ち給うものをすべて持つのみならず、自分自身が父なる神の御徳すべてでもある。

自分が三位一体《さんみいったい》なのである。

あなた方は人間キリストであり、神のキリスト（神人）であり、神であり、三者すべて一体である。

聖霊はあなたがたとともにある。あなたがたは聖霊（Holy Spirit）と共にある。あなたがたは創造をなす全我霊（Whole-I-Spirit）と共にある。

これを受け入れたとき、あなたがたも他のすべての人たちも、イエスという個我の名前ではなく、キリストの聖名のパワーを賛美するだろう。いざ、天使たちも伏して拝ませよ。

王冠を捧げ、すべての主たるキリストに戴冠せよ。

イエスなる個我にあらず、キリスト（神我）にこそ、戴冠せよ。

あらゆる王冠の中でも、もっとも壮観なるものこそ、キリスト（神我）に相応しいのである。

勝利に輝くキリスト（神我）の王冠に、偉大過ぎる、あるいは神聖過ぎるものはない。何人なりとも、欲するものは来るがよい。来りて勝利に輝くキリスト（神我）となるがよい。何人であれ、欲する者あらば、来らせるがよい」

地上の経験を幾度となく繰り返すな。霊的視野を拡げよ

「あなたがたが神というとき、自分自身を神と観るがよい。

自分が居るのは、神が居ると観るのである。

神が狂信者やホラ吹きや利己主義者であるはずがない。ゆえに神の似姿である神人、キリストもまた、かかるものであるはずがない。なにはともあれ、あなたがたは、神である。その故にまた神人である。『我は父にあり、父は我にあり』とは、真実の言葉である。

I AM（『我神なり』・神我）と我父なる神は、調和なることにおいても全能の偉大さにおいても、また一体である。

一人一人の人間すべてと神が結合すれば、もはやそれは全能である。神の全能そのもの

である。あなたがたの、いわゆる悪しき思いの中から生じたものも、『悪しきこと』という思いそのものが無くなるがゆえに、それは栄光の中に昇華する。

このような理想像を高く掲げれば、あなたがたの内に世俗の心象を生み出していたものも、聖なる心象をもたらすに違いないし、実際そのようになるのである。

いまこの瞬間こそ、この外界の混乱から抜け出て、神の大いなる平安と祝福の中に入り、神の光を身に纏う、大いなる機会である。

キリストの王冠を、あなたがた自らの手をもって、自らの頭に戴け。それは、自ら戴冠する以外には、何人も戴冠することはできないのである。登り来りて白く輝く大いなる玉座たる根源の一部となれ。かくの如くして、偉業を成就する人々と一つとなれ。否、神と一つになるのみならず、神そのものとなれ。実際に神となれ。

その時あなたがたは、全世界に神の属性を現すことができるし、また、事実現すのである。神のエネルギーが人間を通じずに顕現することが、どうしてできよう。人間と同じ周波数で振動しうる生命体は、全地上を通じて、人間の他にはないのである。

ゆえに、人間は極めて高度の組織体であるため、この至高のエネルギーを知覚し、発し、変換する。これによって彼は全世界に対して神を表現しうるようになる。

かくの如きことは、高度に有機化され、完成された身体を通じないで、いかにしてこれを成し得よう。この体を完全に統御すれば、その時あなたがたは、この体そのものとなっているのである。かくの如く統御することで、完全なる大師、救世主、聖徒となるのだ。聖三位一体のあらゆる属性の完全な主となって初めてこの体を統御し、これと完全に調和したことになるのである。

私は人間、キリスト、神のキリストである――この三者を至高者、すなわち神と結びつけたとき、あなたがたは神となったのである。これが、あなたがたなのである。これがビジョン（理想・霊的視野）を拡げ、ただ地上の経験を幾度となく繰り返すだけでなく、より高い、そしてより良き人生があるという真理を覚知しつつある今日の人間であり、全人類である。

あなたがたが、愛と尊敬と尊崇の心を以て最高の理念を掲げ、期待し、あるいは定め、それに従って『正しく用いられた道』すなわち正道を歩むにつれて、あなたがたは、このことを悟るようになる。

第一歩で、ただの人間が、キリスト人間、すなわち神の一人子となる。

第二歩で、キリスト人間を観ずることによって、神のキリスト（神我）となる。すなわち、キリスト人間が、神のキリストと合体したのである。さらにまっすぐ根源にまで遡るためには、これらを一なる者、すなわち父なる神としなければならない。

あなた方は、I AM（神我）をキリスト人間とし、キリスト人間を神のキリストすなわち主たる神とした。次の一歩をもって神のキリストを、永遠に生きる神に変容したのである。二つと見えるものが今や、一者すなわち神となったのである。あなたがたは今や至高のエネルギー、すなわち神、すなわち万物の父となったのである。この『正しく用いるべき道』から逸脱しなければ、もはや不可能なものは、なに一つ無くなったのである。

このことについては、全世界が何と思おうと、絶対に恐れることなく、この真理に忠実であるがよい。毅然として神と一体なることと、自己の本来の領分を認めるとき、あなた方は永遠に実在して迸《ほとばし》る如く働き給う、すべての至高原理である父と一体なのである」

外からの光、内からの光／全世界の光の中で、あなたは「万物の主」となる

「以上の真理の光によって、聖書を正しく解釈する、あるいは用いるならば、人間の霊的発展と成就を描いた大いなる譬喩を、聖書の中に見出さないだろうか？

（先程触れたゲッセマネの園で祈っている私の絵の中にある）天から射している一条の光は、実は私の身体から外に発したものである。この光が天からのものであるというのは、一応正しい。なぜならば、天は私たちの周囲すべてに在り、それは光の波動だからである。

しかし、天の本当の焦点、すなわち天の始まるところは、我が体の中にこそなければならない。ゆえに、この天の光は、我から発するものでなければならぬ。

私の実相（I AM）が、この光の本質を内に迎え入れ、この光エネルギーを私が発生し、形を変えて実相、すなわち神が望む密度で放射するのでなければならない。

その時この純光のパワーには、何ものも抵抗することはできない。これらが、画家が描いたゲッセマネの園での私の身体から発する光芒である。この光芒は、天から私に来たのではなく、私の身体から発したものである。

そのように、あなたがたも神の力を変え、抵抗し得ざる力をもってそれを放射し得るのである。それは神の力である。それは、あなたがたの周囲すべてにあり、これを体内に入らせ、体内で発生しかつ変形して、体内の反射機構から外に放射しうる神の力なのである。

これらのことは、すべての人々が自らを神、聖なる遺産、神のキリスト、全き一とするとき、直ちに成就されるのである。これこそ全人類にとっての、神性かつ決定的な標語である。人類がこの大いなる癒しの光に近づけば近づくほど、不調は早く消え去るであろう。

あなたがたが、全世界の光であるこの光の波動の中に無碍《むげ》自在となって住み、すべての人々もこれに近づくならば、それだけあなた方は人間の本来の姿に近づいたことになるのである。

こうして実相こそが、全世界の光であることを知る。

観よ、神を。饗宴はすでに整えり。神のこの力強きもの、この実相を挙げよ。この身体を神にまで掲げよ。然らばあなた方もすべてのものも、一切の主として栄冠を戴くだろう。

あなたがたは、自分の頭に自分で王冠を載せるのであって、何人《なんびと》もあなたに代わって載せることはできないのである」

第6章

新人種出現の預言／純粋な意識の人種の時代が顕現しつつある

群盗の発したエネルギーを増幅、強化し反射させることで彼らを自滅に至らしめたパワー

この群盗に関連して、ここ数日間の体験をこの様に詳述するのは、無法者の大集団が発揮するエネルギーや執念の中でも、神から与えられた支配権を完全に掌握した者であれば、一人ででも、逆にそれを活用して、本人や一地域の住民すべてを完全に護る力に転じ、活用し得ることを、できるだけ確実に描写するためです。

否、護っただけでなく、群盗の発したエネルギーと執念が極めて大きかっただけに、それを増幅し、強化して反射させることにより、破壊しようとした者たち自身に還って、彼らを自滅するに至らしめたのです。そのうえ、村民たちの数は盗賊団に比べて1対3の割合で低いうえ、これといった防具もなかったのに、村全体を広範囲にわたって完全に防衛したのです。

数日前からの興奮とショックが収まると、私たちはすぐに新しい興味を持って仕事に戻りました。復活祭がどんどん近づいてくるので、インドに帰るためにも、この土地での仕

事を早く完成しておきたかったのです。

この一件以来、私たちの仕事は急速に終わりに近づいていきました。帰還準備の最後のこまごました仕事も、どうやら復活祭の前には片付いてしまいました。復活祭当日の日曜日には、完全に休息し、息抜きをすることにして、その日が来るのを心待ちにしていました。

そんなある日のこと、夜も明けやらぬ早朝、私たちは寺院に行く途中、チャンダー・センが庭で座っているのに気づきました。

私たちを見ると、彼は立ち上がって一緒に歩きながら、隊長が聖堂で私たちに会いたがっていると言いました。また、インドに戻るには、ラサ、ムクティナートを経由後、ヒマラヤを越える道を通ってカンダーナートに行き、その後ダージリンに至るのがよいと勧めてくれました。

寺院の入り口に通じる階段の下まで来ると、私たちは間もなく訪れる黎明を見ようと思い、しばし立ち止まりました。チャンダー・センは片手を梯子に置き、トンネルの入り口に登ろうとでもするかのように立っていました。そのままの姿勢で彼は語り始めました。

チャンダー・センの説法／宇宙創造の光景

「光は闇を知らない。闇を貫いて輝くからです。

ユダの裏切りを事前に知ったイエスは、『今や人の子は栄光を受け、神は人の子の中において栄光を受ける』と言われたのであって、『ユダが私を裏切った』とは、言われなかったし、ユダのことには、一切触れなかったのです。

イエスは、彼自身を通じて流れる、栄光なる神のキリストが普遍的であることを理解していたし、その普遍性にのみ、彼は立脚していたのです。

こうして、完全なる相互作用は、あらゆる不調和を独自の方法で消滅させるものであることが判ります。従って、今やあなたがたもこう言うことができるのです。

『キリストよ、もっともっと明らかに現れ出でて、あなたが私であることを明らかにし給え』と。事実、私たちは今や一つの身体、一つの心、一つの愛、すなわち全一、全き原理となったのです。あなた方は、I AM（神我）である。私も本質に於いて神である。このように私たちは、共に神なのである」

彼が語り終わった瞬間、私たちはT字型十字寺院の中心の、聖堂の中に移動していました。

私たちが落ち着くか落ち着かないかのうちに、イエスと隊長も含めて数名の人々が岩棚に通じるドアから入って来ました。その時、大量の光がサッと部屋いっぱいに満ち溢れました。

挨拶が交わされ、私たちは他の方々と一緒に入ってきた初対面の人に紹介されました。この方はかなり年配ですが、非常に精力的な印象の方で、ハスティナプール近在の洞窟を担当している牟尼の一人だそうです。ハスティナプールに帰るところで、私たちと行を共にしたいとのことでした。偉大なヴェガス聖仙を知っており、また、非常に美しい辺鄙《へんぴ》な場所に庵を持っているアガスティア聖仙にも会ったことがあるそうで、私たちはこの大きな幸運にひどく歓びました。

私たちは輪になって、掌を下に向けて両手をテーブルの上に置き、暫くの間立ったまま深い沈黙に浸りました。

誰一人として、一語を発する者もいませんでしたが、室内は不思議な脈を打つように鼓動する光に満たされました。それは、今までに体験したものとは全く異なり、初めは圧倒されるほどの感覚でした。

岩々までが脈動し鼓動して、楽の音を奏でるように共鳴しました。その状態が数分続くと、やがて静寂が破られ、私たちに宇宙創造の光景を見せよう、と告げられました。私たちの宇宙誕生の様子を描いて見せるそうです。

私たちは、ドアから岩棚に出て、その端まで歩いて行きました。

日の出一時間前で、辺りはシーンとしていて、完全な静寂、死の如き静けさが私たちを包んでいます。第二の誕生の時は満ちていました。私たちの魂は弾み、期待に満ちて無限の空間に見入っていました。

弁尼の説法／人間が真理だと考えるものは、人間のみの真理であり、無常不確実

「世界には、二つの出来事しかありません。

人間の意識が確立される以前にすでに存在して、現在も実在し未来も存続するものと、

人類が人間の智恵で今日まで考えてきて、また将来も考えていくものとの二つです。**意識が始まる以前にあったものは、久遠常在ですが、人間の考えるものは、無常不確実です。意識以前にあったものこそ真理であり、人間が真理だと考えるものは、人間にとってのみ真理なのです。**偉大なる真理の法則が意識されると、今日までの人間の誤った考えは、すべて雲散霧消してしまいます。

幾世紀もの時が経ち、進化の過程によって物質のヴェールが取り払われると、人類は真理（我々のいわゆる、原始宇宙の事実）に回帰しようとする思いが蘇ってきます。そして、過去の記憶に満ち、現在の事実に直面しながら、未来への預言を帯びるこれらの思いが、進化していく全人類意識の道の上に明瞭に現れてきます。

こうして人類は、その過ちから、今なお現存する原始の原理に、繰り返し呼び戻されるのです。この回帰と繰り返しによって、神の創造が永遠であり、人間そのものもまた、永遠であることが示されています。

しかし、人間の造ったものは常に変転し、動・反動の法則の下にあります。人間の創造に行き過ぎを来たすと、偉大なる真理の絶対的法則が手を貸して、これら人間の造りだしたものを初めのプランに対面させます。

こうして、宇宙の法則は極端な逸脱を決して許しません。この法則は常に平等化、平和、調和を志向して働きます。人間の側の諸々の偶像や信条にも拘らず、この法則は、究極的に、人類全体を絶対的実在と完全に融合するように推進してゆくのです。真理の絶対的法則が人間の意識を支配するようになったときには、現実に存在する宇宙の事実と完全に調和しない者は、すべて自滅しなければなりません。

人間の考えは、真理が到来すれば、半真理から生まれ出た不完全な自分の創造物などは放棄するように常に造られているものです」

大宇宙の波動の中で唯一禁じられていることは思い込みに固く囚われ、幻想にしがみついて離れないこと

「宇宙の絶対法則は、充分に満たされなければなりません。

人間が実在の法則について考えたり、語ったり、あるいは行為したりすれば、終局において、法則または実在そのものの中に導入されることは必定です。人の中に植え込まれたもので、天の父によらざるものはすべて根こそぎにされるであろう、と古人は我々に語っ

ています。『盲人を導く盲人のリーダーよ、彼らを自由にしなさい。盲人が盲人を手引するならば、共に溝へと落ちずにいられるだろうか？』です。

真実の、実在するものを信じるよりむしろ、人間が考える通りに信じてしまう人々、そのような人々によってつくられた、無智、迷信、妄想という混乱へと、盲目の人類が自分たちを導くという循環は、急速に止もうとしています。

閉ざされつつある世紀の幻影と迷信の上に興ってきた文明も、泥沼の中に沈みつつあります。この誤った諸々の被造物に付きまとう苦悩と悲劇を経て、今や新しき人類意識が芽生え、急速に展開しつつあります。事実、その新しき誕生を迎えて、扉が大きく開かれつつあります。意識の一次元から、現実に存在する宇宙の道の中の、より高き、より進歩する次元へと進み行く以外には、もはや道はありません。

大宇宙の波動の中で、唯一禁じられていることは、人類が自分で思い込んでいるものに固く囚われ、古い幻想に闇雲にしがみついて離れず、そのために、より大きく広く物事を考えることが全くできなくなるような思考の偏向です。

このように、自分本位の意識に溺れている者は、次から次へと信じ込んでみたり、いろいろな経験をやり尽くしてしまったりすると、もう二進《にっち》も三進《さっち》もいかなくなります。

その時、自然と絶対的法則が人間を進歩させる慈しみの手を引き出し、病気、苦悩、損失等を経て、遂に人間がそのままで満足し、自分の考え方それ自体の中に迷いという呪いがあったことに気づくように仕向けるのです」

悪しき波動につかれた種族や国民は消滅する／それは創造の新しい上昇プロセス

「もしも、ある種族や国民が、実在する物の見方ではなく、特定の人間的考え方によって造られた物の見方を放下するのを拒むなら、『法則』がその進歩に介入して、蓄積された彼らの悪しき波動が、彼ら自身に反射するがままにさせます。

すると、あらゆる面に戦争、闘争、不調和や死が起こって、その種族または国民は消されてしまいます。しかし、実はそれも彼らを創造の新しい上昇プロセスに導くためです。こうして人間は、人類の意識の始まる以前から存在していた実在に、新たに接触してやり直すことができます。

今や文明は偉大なる再建の瞬間に、速やかに近づきつつあります。今は基礎が安定しているように見えるものでも、遠からずしてすべて逆転の状態になるでしょう。『真理』によって確立されていない樹木は、すべて根こそぎにされるでしょう。**現在の社会、政治、経済、宗教、制度の完全な宇宙的転覆が近づきつつあります。**それは現在の人間意識の出現以前にすでに実存し、今なお実存するものに、人類がより一層接近するように、新しき世紀を出現させる余地をつくるでしょう。常に実在し続けた意識を自分自身もまた包蔵し、それと同じ意識になれることを人間が悟るまで、注意深く、愛と光に満ちた慈愛を以て、真理は待ち続けるでしょう。

今や、前時代の寝物語から一歩前進しつつある新興の個性や、急速に到来しつつある世代の霊的判別力にとっては、この寝物語の造る幻想の数々は、もはや、なんの役にも立ちません。幻想、因習、迷信は終焉に近づきつつあります。これらが虚構した文物もまた然りです。古き偶像は、小児意識のみに相応しく、その小児意識も今や袋小路に近づきつつあります。その幻想も無効となりました。それは、人類という泣き叫ぶ嬰児《みどりご》をあやして偽りの眠りにつかせるために、僧侶や説教師たちが、その怪しい才能を発揮して織りなせる寝物語に過ぎないことが、明らかとなったからです。

遥か未来を見る者は泣きもせず、また寝かしつけられもしませんでした。その多くの者たちは、そのような寝物語が真実ではないことを知っていて、非真実を消し去ろうと大胆な進出をした者も少なくありませんでした。それは、絶対なるもの、常在なるもの、人類の中の一部の人々が常に見、知り、かつ直接に触れてきたものを、直接彼らが見通していたからです。

人々が従うように建立された偶像を消し去り、天地創造の暁からの、古くて新しい理念を容《い》れる余地をつくりだす、十分目覚めた、新しく、より活力に満ちた意識は、このような一部の人々から興るでしょう。

それには、教え、導き、民族意識を鼓舞する人々が必要となります。彼らは、現実の生活の場において、しかも何等の間違いや矛盾のありようのない高い次元において、また、誤解のないよう噛んで含めるようなやり方で、指導に当たるでしょう。

より高い知性と霊性を兼備した覚醒しつつある虎は、もはや二度と寝入ることを拒否するでしょう。なぜなら、彼はすでに過去の破片をまき散らされ、誤った信念から生じる苦痛を受けて失望しているからです。

それは、『真理』そのものの上に基づいた教えによる、より強力な、より活力ある思想を要求しています。大衆は、諸々の信条で縛られた因習に満ちた過去の数々の世紀を超えて、新生する人類の心情と生命を啓示する古代の託宣《たくせん》に、今や耳を傾けつつあるのです。この新しくて古い託宣こそ、信条に縛られた僧侶たちの読経の声を超えて鳴り響くクラリオン（訳者注＝金管楽器ビューグル）の呼び音です。それは、闘いの雄叫びより高く、金融、産業、政治、宗教に伴う虚偽から発する矛盾を隠した声よりも澄んでいます。

一部の人類の、信条に縛られた思想の如何にかかわらず、神、キリスト、人間、我、生・死等に関する従来の偶像化された考えは、すべて消え去らねばなりません。かつ、これら先入観による考えから完全に解き放たれたうえで、これらすべての上に建てられたすべては過ぎゆき、払拭《ふっしょく》されなければなりません。

この近づき来たる新しきものという地平線の彼方に、全く新しい意味を持つ『贖《あがな》い』が影を射しつつあります。この、より明瞭なビジョンと、より明確な覚知から出生した新しい大衆は、すべての種族、すべての人々から放射される、より深い啓示によって償われるのです。

その放射体こそ、すべてのものの中に、すべてのものを貫いて実在する『一なる生命』です」

新人種は、人は完全なる宇宙の中にあり、完全に調和してるという確信を持って生きていくことができる人々

「大衆は誤った考えにがんじがらめにされ、その手は何かにしがみつこうとし、その態度は恐れ、萎縮してはいますが、神の、人の内なるキリストの、神なる、大我なるキリストの、さらには死そのものの地平は拡大していきます。

しかして、その偉大なる、より崇高なる眺望が迫りつつあります。再び全世界のうえに、霊の周期が黎明を告げつつあります。水晶人種（訳者注＝透明な水晶のように純粋な意識の人種）の時代が再び大渦巻の中から顕現しつつあるのです。

一人の人間が神について思う度《たび》、その人は神になっているのです。

なぜなら、神が彼らの中に定着し給うからです。神という理念を愛し、礼拝し、尊崇するとき、彼らは神となります。

今や時は満ち、彼らは第一遺産を相続し、神霊の中に確立されたのです。いつであれ、人が神について考えれば、彼は神となっているのです。神が彼の内に定着したのです。

人類の中に生命を吹き込めば、それは紛うことなき神です。

宇宙に渡る啓示をこのように、より深く理解するなら、神は人類意識が現れ始める前も今も同じです。昨日も今日も、未来永劫《えいごう》、同じであることを、人は発見します。

人の手によるかりそめの神殿ではなく、天の中に、人の中に、永遠に存在する神殿が、『正統』と称する灰の中から現実に興りつつあります。

自分の頭で考える偉大なる一新人種が、巨人の足取りをもって歴史の前面に歩み出てきつつあります。いくばくも経ずして大いなる潮が地上に寄せ来て、進化という重荷の下に苦行しつつある人々の道に散らばった迷妄の破片を流し去るでしょう。

業《わざ》はすでに成就したのです。

数億の人々が、自由な身、心、魂、本能を手にし、再び解放されたのです。

彼らはまだ生まれでてはいませんが、後世の世継ぎとなるべき人種の、言わば脈動です。その彼らが手を取り、神と共に歩みつつ、時代を超えていくのが見えます。

無限なるものの永劫の渚から、大いなる叡智の波が、彼らに寄せてきます。

彼らは、敢然と歩み出て、己自身を永遠なる神、永遠なるキリストの一部なりと宣言します。神と人は永遠の生命と永久に一つであると宣言します。

彼らは敢然と歩み出て、人間が記してきた部分が虚妄であり、恐るべき盲目の状態に書かれたものであることを、天に向かって宣言します。

この新しき脈動意識は、新しき人類意識を基底とする大波の波頭です。

この新人種は、人間を、己自身を、地球上における最高の表現であり、生命それ自身を通して神と一体であると観じ、必要なるものは、すべて生命それ自身から流れ来ると観じます。この新人種は、人は完全なる宇宙の中に在り、完全なる人々と完全なる環境と条件に、完全に調和し、宇宙の霊的計画には、毫毛《ごうもう》の誤りすらもないという完全なる確信を持って生きていくことができるのを知っています。

彼らは神を、万物の中に遍満している宇宙霊と観ます。そして、自分を現在の環境に置き、現在の自分とならしめた基本的な素因を、ためらうことなく、精妙な心をもって検討します。

こうして彼は、再び自分の始原と一つになります。この始原とは、想念によって意識的に無限心とつながり、合体している彼自身の神なる心のうち、常に沈黙している部分であることを、彼は知っています。この新人種は、栄枯盛衰のいずれにあろうと、悲しむことなく、大いなる愛と真の平和を魂の底から求めることこそが、神と人に定められた真理であることを知っています。

この人種は躊躇なく全人類から迷妄というベールを引き剝ぎます。従って、無智ゆえに弱き猜疑しやすい小我、人間の足を幾代となく呪縛したおぞましい妖怪は、完全に消滅させられるでしょう。

今や完全に現前した神我によって、すべての制約が消え去っていることを、彼は自覚しています。彼は、彼自身を人間から神へと、遂に昇華させたのです」

第7章

太陽系宇宙の生誕と人間の運命／全宇宙群が人間を必要とするわけ

必要な波動が動き出せば、人類の要望は結晶化する

しばらく休憩した後、遥かなる地平線に夜明けの太陽が射し始めると、牟尼はおもむろに立ち上がって語りました。

「父なる神が人類のために観じていることから、多くの事柄を学びとった方々が、ここに同席しています。この方々は、神霊まで達見する理解力をもって観ます。故に、この方々には、全世界がお見通しです。

人類が感じるものが、この方々には見えるのです。ゆえにこの方々は、人類の希望が達成されるように援助することができます。また、普通には聞くことのできない数千の音、例えば、蜂雀の歌、今孵《かえ》ったばかりのコマドリの声、野に鳴くコオロギの調べ、これらの中には、1秒間に1万5000回もの振動数で鳴くのもあります。その他、人間の聴覚の範疇を遥かに超える多くの音を聞くことができます。

全人類に恩恵をもたらす、愛、平和、調和、完全といった、さまざまな思いを生み出すことのできる不可聴の音を感じ、調整し、放送することもできます。豊さの感じや大きな

歓びの波動を増幅して放送し、全人類をそれで取り巻き、貫いているため、人類一人ひとりがその気になれば、それらを自分のものにすることができるのです。

こういうことが事実存在すると判れば、人類もまた一人ひとりがこれらの波動を増幅し、放送して協力するでしょう。そうなったとき、人類の必要とするものは各人、または各集団の周囲やその中に、自然と実現するようになり、すべての希望が実現するに至るのです。いったん、必要な波動が働きだせば、各人はその実現を避けることはできません。こうして人類の完全な要望が結晶化し、現実に形をとるのです。

神の、無限で、創造的な、流動する空間という巨大な海は、水晶のように透明ですが、それでいて振動し、放射するエネルギーで完全に満ちています。

この放射エネルギーを通常、水様質（aqueous substance）と言い、その中にあらゆる物質、元素が溶解している、あるいは互いに調和を保って浮遊しており、一定の振動率に直ちに感応し、やがて凝縮して形態をとります。

個人が全人類と協力して適正な想念振動を起こすと、諸元素はその型の中に殺到して型を満たすほかないのです。これは、絶対的な法則であって、誰もその動きを止めることはできません。

皆さん、宜しいですか。オルガンを非常に低音で弾いているとしましょう。オルガンの音をだんだん下げていって、遂にはもう聞こえなくなるようにします。

しかし、私たちがそれまでに音から受けた感覚は、活き活きとして、また尾を引いています。聞こえなくはなっても、波動は依然として続いています。

逆に今度はこの音を全音階にわたって、どんどん上げて行くと、やはり終いには聞こえなくなります。それでも情感は漂い、高い波動が、実際には、依然として続いています。

音の影響が肉体の耳の範囲を超えても、その影響はいずれも消えないことが、これでも判ります。これが、私たちの言う『神』です。

物質が支配を失ったとき、霊が支配するのみならず、その支配は、一層決定的です。それは、単なる物質よりは、遥かに広域の波動を持ち、想念には遥かに感応しやすく、またその支配を受けやすい。想念は肉体よりも、遥かに霊の方に密接に繋がり、整合しているからです。物質は身体に限られ、身体よりも外に広がることも、離れることもできません。また、完全に身体の行動のみに限定され、その反応には繋がりません。

身体の反応にまで及んだとき、それを霊と定義すれば、私たちは霊です。肉体がいかに制約されたものであるかが、これでも判るでしょう。霊は、いわゆる肉体のあらゆる原子に浸透しているだけでなく、固体・気体の如何《いかん》を問わず、あらゆる物質の最微なところまでも浸透しています。

実際、霊は力です。霊の中で型が作られ、その型によって物質はさまざまな形態をとるのです。それ以外に物質が形をとる道はありません。

人間は物質が形作るこれら諸々の形態の投影者、調整役に過ぎないのです」

私たちの宇宙は超巨大な中心太陽を公転する91の宇宙の一つに過ぎない

「ここでしばらく本筋から離れて、説明することにしましょう。

私たちの宇宙の中心に、燦然と輝きを放っている大いなる太陽があります。地平線が次第に後退し、私たちの視界に、新しい日が現れたとき、新しき時代、新しき復活祭が生まれます。

私たちのいわゆる宇宙は、ある一つの中心太陽を公転する同様の91の宇宙の一つに過ぎません。この中心太陽の大きさは、全91の宇宙の全総量の91万倍もあります。

完全なる秩序の下にその周囲を運行している91の宇宙も、中心太陽と比較すれば、あなたがたのいわゆる原子核、すなわち原子という中心太陽の周囲を回転している微小な粒子のようなものに過ぎません。

それ程に、この中心太陽は、巨大なのです。この巨大な中心太陽を宇宙が公転するには、2万6800年かかります。それは、ポラリス、すなわち北極星の歳差運動の周期に正確に合致します。（訳者注＝ポラリスと北極星は同義ではなく、地球の歳差運動によって北極星となる星は変わる。そのため、正確には北極星の移行周期と言った方がよい。著者の勘違いと思われる）

万物を支配している大いなる能動的、聖なる力の存在を、これでもあなた方は疑うのでしょうか。

では、観察に戻りましょう。

よく観てください。映像が今、現れてきます。

そのフィルムには、白い円球状の太陽の画像があります。

赤い点が一つ、白球の上にできてきます。もっとよく観てください。赤い円球から、純白な光の走る一点、これから生まれいずるべきものを内包して放出された生命の閃光です。

あなたがたには、光の一小点に過ぎませんが、近づいてみることのできる者にとっては、巨大なるものです。あなたがたには、ただ、珍しいだけでしょう。ごく近い将来に、あなたがたは、視力を補助する器具を通して、これらをすべて観ることになるでしょう。そして、それは、人類にさらに多くの神秘を啓示するでしょう。

最初に誕生したのは海王星

この大中心太陽は、脈動し、鼓動しながら、しかも相調和している放射エネルギーを数百万年の間、自分自身に引きつけてきました。

このエネルギーは、いずれ自然に消滅するか、爆発して散ってしまうかしなければなりません。

大いなる雲状のガス塊が太陽から爆出したのを観てみなさい。

あなたがたは今、この映像の中で、海王星の誕生を見たのです。今、親太陽から巨大なパワーで放出された微小宇宙粒子、あるいは原子ともいうべき巨大な塊が、海王星です。

もやもやとして形も定かではありませんが、最後の排出が起こる前に現れた光点が中央太陽で、それは親太陽から飛び出した大きな粒子は勿論、最微小の分子に至るまで引きつけて結合する力があります。

こう言えば、あなたがたが真っ先に考えるのは、まず爆発が起こって、太陽の粒子が空間に打ち出されたということでしょう。しかし、ちょっと待ってください。実際の現象をよく観察してみてください。その粒子やガスがしっかり結びつき、明確な球形となるのは、いかなる理由によるのでしょうか？

それは、その背後にあって完全な秩序と調和のうちにそれを導いている叡智《えいち》ある『法則』です。これが、偶然ではなくて、決して誤ることのない法則によって支配され、完全なる秩序と順序に則《のっと》っている証拠です。この光点、すなわち中枢が中心の閃光、あるいは中心の子であり、全人類がその周囲を回転する人類のキリスト（実相）です。

これは明確な『霊』のパワーです。この『法則』は、全人類に作用します。

中心閃光は、純白の光点で、それはすなわち原初の細胞を貫くキリスト（実相）です。

その後、この細胞は広がり、分裂したものから生まれ出て、人類が愛と呼ぶ共存結合の力によって結ばれている他の細胞に、この細胞はその光を与えます。

これらの分子は、ちょうど母が子を抱いて育てるように、栄養を与えられ、また結ばれます。

事実、それは太陽の子であり、同時に自分自身の中に中心太陽の核を持っています。

この中核とは、それを生み出した親の肖像です。親から出てくるや否や、この中心太陽（中核）もその生命と成長に必要な周囲の振動する放射エネルギーを引き寄せ、整合し、保持する力を持つようになり、最後の凝縮を遂げて海王星、すなわち現在の私たちの宇宙の最も遠くに延びた軌道を走る最古の惑星となります。

海王星が最初に誕生し、中央太陽（中枢）が主としてその親なる太陽からエネルギーを自分に引き寄せると、エネルギーが整合して原子の形となるということは、その誕生前にすでに描かれていた原型に合わせて姿を決定したことに他なりません。

この原始海王星は、いわゆる揺籃《ようらん》の軌道、すなわち水星が今日占めている軌道の内側にあたる軌道を占めていたのです。この軌道内で、子惑星（原始海王星）は、親にいっそう近いだけに、よりうまくその質量を引き寄せることができるし、そうするにつれて、凝縮して、形を成し始めたのです。

化学的元素は、雲状の中の単なるガス蒸気のままにとどまらず、分離と結合を開始しました。このような化学変化から生じた固体が凝縮しだし、巨大な熱と圧力の下に岩石が形成され始めました。

この半液体質がさらに供給するにつれて、表面が冷却しだして殻が形作られ、さらに冷却過程と外側の粒子の同化と増加のために、殻が一層重くなり、厚くなります。この殻が、回転する固まりを支えるだけの強さになると、それは中心に半液体の溶けた集塊をもつ原始の岩石構造となります。

やがてその結果生じたガスと蒸気から、水がこれらの結合として現れ始めます。初め星雲だったものが、今や惑星の名に相応しいものとなったのです。

さらに、生命を維持しうる状態を目指して速やかに進行します。しかしなお、幾世紀もの間、外部から次々とその構成体に粒子を加え続けなければなりません。中央集塊の冷却が続き、気圏や化学的状態や表面が有機生命体を生み出し、かつ維持する用意が整うように完成に近づいてゆきます。

天王星の誕生

ここでもう一つの原子に相当するものを生み始めます。その排出が終わったときが、すなわち天王星の誕生です。

この誕生と同時に特別のパワーが出て、それが海王星をその揺籃、つまり、やや小さな軌道からもっと大きな軌道に弾き出したのです。

しかし、海王星は、天王星の雲状の構造が一人前の惑星となるまで、親から栄養が受けられるように、この新生児たる天王星に揺籃の軌道を開けてやるために、今や水星の占めている軌道をとらされたのです。

再び状況が落ち着き、長い間順調に続きます。

最初の出生児たる海王星は、成長し、生命を維持し得る状態に近づいてきています。

事実、その濁った塩気のある水、すなわち内海には、アメーバ様のものが現れ始めています。

土星の誕生

やがて、別の原子の誕生の用意が整い、土星が生まれます。この排出のときに出た特別のパワーが、天王星をその揺籃の軌道から弾きだし、さらに海王星をその軌道から追い出した（その後を今の金星が占めている）わけです。

海王星は、今や充分に冷却し、その表面は生命を支え得る段階にまで発達しました。

人間生命という要素が、人体の維持及び出現に必要な選ばれたアメーバに結びつき、さらに、今日の地球が享受している人間生命の維持と栄養に適する状態に達したのは、この惑星においてこの軌道を占めたときです。

人間アメーバの誕生

こうして、動物アメーバではなく、人間アメーバ、すなわち特別に選ばれた型と性格を備え、進化の過程を短縮することができ、事実短縮した知性を持ったアメーバである原始の人間が出現したのです。

この惑星における状況は、優秀な人間の発展にとっては申し分ないもので、その発展は急速に進んで行きました。この段階では低級な動物システムは存在しなかったので、動物圏はまだ出現していませんでした。

この天体は、宇宙質料、あるいは、水様質料から直接自給のできる完全な人種へと、急速に発展していった優秀な人類によって占められました。

そういうわけで、彼らはこの惑星上の神々とも言えます。今日の伝統や神話の多くは、この偉大なる人間たちに始まり、また彼らをめぐって創られているのです。

彼らは、完全に彼らを生み出した原理通りの人間でした。

美と完全を表現しうる能力を持ち、この能力によって自分たちの周囲を完全美麗な状態で囲み始めました。事実、彼らはこの惑星を美と完全の天国に造り上げたのです。

この種族は、すべての自然力を絶対的に支配することによって、この完全な状態を永久に維持することに定められていました。従って、彼らが何かを希望して念ずれば、それは直ちに実現したものです。

ところが、月日が経つにつれて、為すべきことをしなかったり、同僚から抜きん出ようとしたりして、利己主義の様子が出始めました。このような状態から集団の色分けが生まれ、それはやがて分離の原因となる我利と貪欲をもたらしました。

奉仕と進歩に費やすべき時間が、喧嘩や口論に浪費されるようになりました。

自分たちの生命の淵源に従い続けるべきであるのに、彼らは意見を対立させて大きく離反し、遂にごく一部の人々を除いては、全部が崇高なるものを失ってしまいました。

この少数以外の全部が、自分たちの安全や保護などを考えなかったため、自分たちの惑星の周囲に渦巻を生じさせてしまいました。

木星の誕生

神聖な惑星の上に、神聖で完全な世界を成就することをいったん可能にした完全な神意に従い続けることをせず、途中でこの神意に背いたために、次の爆発を誘発してしまいました。

その時の爆発の力が余りにも巨大で、星雲が凝縮した後にできた惑星は、それまでに誕生したものよりも大きなものでした。こうして木星が誕生したのです。この時に出た過剰のエネルギーがあまりにも巨大であったため、土星を元々の軌道から撥ね飛ばして、現在水星が占めている軌道に移してしまいました。

この爆発があまりにも強烈で太陽系をいっぱいにしたため、非常に多くの小遊星群ができて、土星の周囲に整列してしまいましたが、土星とは極を異にするため、土星と合体するわけにもいきませんでした。

こうして、この星群は独立し、他にとるべき唯一の道は、アステロイド帯として土星の周囲に整列することでした。そういうわけで、このアステロイドは土星の環と言われ、その中には惑星大のものもいくつか存在します。この爆発力は、あの大きな美しい海王星を、現在地球が占めている軌道に弾き飛ばしてしまいました。その華麗さも、偉大なる住民たちも、少数を除いてはことごとく吹き飛ばされてしまったのです。

幸いにも取り残された者は、その聖なる遺伝を決して放棄しませんでした。

彼らの身体は特殊な構成となっていたため、霊球（Spirit Sphere）の放射の中に、安全を求めることができたのです。この霊球は至るところにあり、現存する91の宇宙に浸透しています。

根源種族の誕生

このようにして、彼らは終始一貫、その本性と叡智を持続し、かつ顕現し続けることができたのであり、今後も決して消滅することはないでしょう。

私たちが今日生きているのも、これらの理念のお蔭です。私たちは、これらの偉大なる方々の血筋を受け継いでいるのです。この方々が人類の根源種族であって、人類の理念と人間の神性は、この方々によって維持されたのです。

木星という星雲が一個の惑星としての形態をとるのに必要な時間が、それから後、何千兆年続きました。天体があまりにも大きいため、それは今でもなお、ほんのわずかしか冷却していません。

火星の誕生

時はなおも速やかに過ぎ、太陽は今や第5の星雲を生み出す用意が整いました。こうして赤い血の惑星、すなわち火星が出現しました。

この排出は完全に行われたために、私たちは、強大な木星にある現象が起こりつつあるのを見ることができます。木星の側に巨大な赤い点が一つ、突然ポツリと現れ、木星は自分自身の大部分を排出する、月という衛星を生み出したのです。

この2度の排出の際に起きた力が巨大なため、さすがの巨人木星も最初の軌道から投げ出されて、火星のために明け渡すことになりました。

巨大な木星が新軌道を占めても、回転している星雲状のものは、誕生時にはじき出された粒子の大きな集塊をどうしても引き寄せることができません。

そのため、この粒子たちは、あまりに遠くに撥ね飛ばされたため、海王星、天王星、土星、火星の影響下に来ることになりました。

しかし、極が異なるために、これらの惑星に同化されることもできず、惑星としての極を持たない別々の遊星群となりましたが、惑星としての地位を占めて中央太陽の周囲を調和整合して公転することはできません。

従って、それは何らその運動に律動もなく、恐るべき速度で飛ぶ巨大な流星群となって空間を飛行し、遂に他の惑星と衝突して、その表面にはまり込むか、衝突時の衝撃のために砕け散るかのいずれかです。

そして、微小粒子は物凄い速さで空間を飛び去り、やがて水性の塊となって、再び中心太陽に吸収、同化されます。その後、他の惑星すなわち原子を生み出すときに、星雲として再び出てゆくのです。

地球の誕生

さて、今度は最後に私たちの地球となった星雲の誕生です。

火星が生まれ出たときの軌道から投げ出されて、地球がその後を占めます。

こういう風にして、惑星はことごとくその場所を、新しく誕生した子に明け渡すために、別の軌道に送り込まれます。金星もこうして誕生したのです。同様に、地球もその他すべての惑星や原子も、新しく生まれ出る惑星や原子たちのための揺籃を明け渡すべく、常に広がりゆく軌道に投げ込まれます。こうしてまた水星が生まれます。これも他の惑星が、他の広がった軌道に原子を追い込むことによって生まれるのです。

こうして今日の天文学の知識で肉眼に映る8個を全体とする惑星集団が完結されたのです。しかし、本当は九つあります。というのは、揺籃軌道には、水星が乗っていないからです。それは、最後の星雲すなわち子が占めますが、その星雲はまだ肉眼で見えるほどには凝固成形していません。それでもなお、それはそこに実存するし、その影響も感じられます。

こうして私たちの地球を一部とするこの宇宙は、九つの惑星、あるいは原子群と、中心核である太陽の周囲を数学的正確さで運行している九つの軌道を包含します。

あなたがたは、この天地創造が秩序正しく継続して実現してゆく姿を今、目の当たりにしたのです。

太陽から最も遠く離れて、一番大きな軌道を持つ惑星の海王星に、今何かが起こりつつあります。この惑星はすでに成熟し、速度も限界に来ています。光も言わばいっぱいに充電し、一個の太陽として出直すまでになっています。新しい星雲が形成し始めていますし、太陽も10番目の星雲を生み出すまでになっていて、今や海王星は衰えつつあります。

この星雲の排出が起こらない内に、海王星はすでに中心太陽を公転する限界速度に達してしまっています。いずれ空間の中に飛び離れて爆発し、やがて液状に還り、次いで再び中心太陽に吸収されてそのエネルギーを強化し、さらに惑星や原子を生み出す元となるでしょう。

私たちの地球を一部とするこの宇宙には、中心太陽の周囲を一度に公転する惑星、言い換えれば原子たちは九つしか存在し得ません。こうしてそれは、生誕、凝固、拡張、限界速度への到達、空間への飛去、爆発、崩壊、そして新誕生実現のための太陽による再同化の絶えざる繰り返しです。

また、太陽は再び液状に還元するために排出したものを、再取しています。

こうして再生から誕生への繰り返しです。このような過程がなければ、91の宇宙群の中心太陽も、その他の諸宇宙の中心太陽群も遥か昔に消耗し、全ては全物質の故郷である『無限なるもの』に還元していたでしょう。すべての放射物や空間の中に遍満している叡智が、宇宙群を形成させ、前進への出発を可能にするのです。

太陽、あるいは中核は決して古くもならなければ、死にもしません。それは、受け取り、吸収し、保持し、整合し、然る後に原子を生み出します。しかし、決して減りません。なぜなら、それは自分が出しつつあるものを永久に受け取って、自分自身の中に吸収しているからです。

こうして、再生と再誕が四六時中続いています。宇宙群は形成され、拡大し、その受け取ったものを還元しつつあります。低きから高きへ、そうしてより高い次元への進化の連続です。

超巨大宇宙のあらゆる原子に生命の流れを送り込んでいるもの

私たちの地球と、その九つの惑星、言い換えれば原子群から成る銀河を一部とする91の宇宙群から成る銀河は、実はさらに巨大な中心核、すなわち別の太陽を公転しており、この核太陽は、先に述べた第一の銀河の9万1000倍もの質量をもっています。

このようなことが91回、ほとんど際限なく繰り返され、その全体が、無限の『大宇宙』、あなたがたの言う『天の川』を含む銀河群を構成しているのです。この『宇宙』はよく、『原子熱線』と呼ばれ、太陽熱の根源なのです。

これは、あなたがたの太陽が所属している星群の雲ではありません。それは先に述べた巨大な宇宙の中心太陽、すなわち核から生まれて排出された一個の星雲です。この星雲の中にあるように見える太陽は、実は太陽から出る光線の一部に過ぎません。これら特定の光線は塊の中に入ってゆくとき、ある角度で屈折され、反射して、この曲り歪んだ光線が太陽の映像をつくって虚の位置に置きます。

しかし、これらの光線がはっきりと反射してくるので、あなたがたは本物の太陽を直視していると思い込んでしまっています。同様に多くの他の惑星群や原子群も、同様の現象によって歪曲されています。従って、それがたくさんあるように見えますが、実は比較的少ししかないのです。本当の数字が全部判るのは、数百万年後のことでしょう。

この画像をよく観察すれば、これらの星雲またはその太陽は、円盤上ではなくちょうど私たちの地球のように、両極で平らになっている球形であることが、判るでしょう。あなたがたは実は、大きく平たくなった極域を見ているのです。この大いなる宇宙太陽の巨大なる塊が、光線に実に深刻な影響を及ぼすために、光線は完全に『大宇宙』を廻って反射します。

そしてまた、光線は大原子線、あるいは大宇宙線に接触することによって、決定的に影響を受けかつ反射されて、その粒子が広域にわたって放出されるので、一集団から幾千もの惑星群や星群の映像が投影されるのです。

こうして幾千もの惑星群や星群がその位置を錯覚され、さらにまた数千もの映像が反射されるのです。

私たちが宇宙を見通すときに見える映像は、両側面を現しているのであって、私たちは幾億年前に発光して大宇宙を完全に一巡した光を見ているのです。こうして私たちは、一つではなく、二つの像を観ているのです。

ある一つの像は、数百万年前の惑星の姿であり、今一つは数億年前のそれです。これは、巨大なすべての『大宇宙』組織全体にわたって起こっています。だから多くの場合、私たちは実際には、大いなる過去を見ていると同時に、同様の方法で未来をも見ることができるのです。

想念、あるいは心臓の脈動が数十億サイクルに増幅されて霊の命令を伝えるように、全宇宙群を統制している不可視のつながりがあります。これらの偉大な脈動する衝動または心臓の拍動に相当するものが、『大宇宙』を取り巻いている液様態に遍満している叡智を通じて伝わっていきます。

この叡智が大宇宙の霊に相当します。全大宇宙のあらゆる原子に生命の流れを送り込んで、完全な秩序と律動をもって動かしているのは、これらの巨大な心臓拍動なのです」

破局が起きても、人間は全宇宙群を再建することができる

「この無辺際《むへんさい》の大宇宙には、いかなる病める、あるいは不調和の細胞もあり得ません。なぜなら、そのようなものが一個でもあれば、すべてを滅茶苦茶にしてしまうからです。

その時は、一時、混沌となるでしょう。

これは、不調和な想念によって妨げられたときの人間の有機体にも該当します。『神(Godhead)』という言葉が自然に生まれ出たのは、この中央の統制からです。

人間一人ひとりの心臓の鼓動は、小規模ではありますが、この大宇宙の心臓鼓動に相当します。人間は全水源を統制する叡智から出たものであり、またその写しです。

彼は『根源』の共存者であり、すべてをかの大いなる水源地から引き出しています。あたかも、大中心太陽が同じ源泉から引きだしているように。

しかも、なお人間の場合は、中心太陽よりも引き出す度合いは大きいのです。というのは、彼は源泉を支配している大叡智と一体だからです。人間一人ひとりは、大いなる全宇宙群に比べれば極微ですが、それ自身よく組織された聖なる宇宙です。

しかし、全人類を構成するものとしての人間が、その神性を認めて神性に伴う責任を取るならば、極微に見える彼が全宇宙にとって必要なのです。なぜなら、人間は全宇宙群についての神の全プラン以前に在り、かつ同プランすべてを統制している偉大なる叡智に属するからです。

このように、**かりに全宇宙が崩壊するとしても、人間は光という放射から始まって最も低い物質体に至るまでの、水様態中のあらゆる放射物に遍満貫通している原始の叡智と完全に協力することによって、全宇宙群を再建することもできるのです。たとえこのような破局が起ころうとも、人間は、破壊というものが一切存在しない原始の叡智に復帰するパワーを有するのみならず、実にそのパワーそのものです。**

破壊の後、静穏が再び支配し、調和が復活したとき、人間自身が原始叡智に復帰し、原始の完全さを顕現すべく宇宙生成の全過程を再び進行させるのに幾兆年もの歳月がかかるのは、もはや彼の問題とするところではありません。ここにおいては、人は無限者と一体のままでいて、宇宙群の誕生に時の熟するのを泰然として待つのです。

やがて時が来れば、創造神がより完全にしてより永続する状態を造るに当たり、前の経験をその意識の中に保持する故に、彼は創造神の良き助手、以前にも勝る良き助手となります。その際、彼はいかなる形あるものにも勝って明確なるがゆえに、彼は決して失敗することはできません。彼の視野には、彼の意識には、失敗という文字は記されていないのです。

最微小なるもの（人間）が、全有形態中の無限なるものとなります。

賢者が、『我は不死、不老、久遠なり』『生命及び光の中の一物として我ならざるはなし』と言うとき、彼はこのような眺望を得ていたのです。これこそが本当の神性です。昇天は、まさに彼のものです。

第8章

ダライ・ラマ宮殿／シャンバラへの入り口

数百万年もの長き過去を見終わって

語り手の話が終わったとき、初めて私たちは、太陽がすでに子午線《しごせん》をかなり過ぎていることに気づきました。私たちは、そこに座ったまま、茫然というよりは、恍惚としていました。

それは、私たちが眼前に繰り広げられた眺望の中に包み込まれていたからです。

地平線は一体どこに行ってしまったのだろうか——。

そのような想いも、私たちはまったく放棄してしまっていました。私たちはすでに無限の中にあり、無限に所属していたのです。無限に向かい、無限を受け入れたとき、無限は我が物となったのです。読者の方々は、それを異様に思うでしょうか？　ともあれ、人間の実存の偉大さ、人間の到達できる像の偉大さが、また、大宇宙の大いなる計画の中に占める人間の位置の重大さが、私たちには把握できたでしょうか？　否、まだです。

また、世界は、これを受け入れてくれるでしょうか？

私たちは、遠く遥かなる過去の中を見ました。実際に現在を生きることによって未来を証明してみせるまでは、未来が何を予兆するかを、私たちは知りません。

しかし、数百万年もの長きにわたって、過去がどんなものであったかを、私たちは観たのです。

未来は、私たちの眼前に描かれたように、幾百万年にもわたって展開することを知った以上、私たちはそれに期待しましょう。すでに私たちは、諸々の古い信条を放棄し、これまで異端と決めつけてきたものも、すでに赦しきってしまっていました。今では、私たちは、人間のやったすべてのことに期待します。盲目的な期待ではなく、未来を知っての期待です。

古き数々の信条たちは、今いずこか。霧の如く、過ぎ去り、散っていった。

水晶の如く、鮮やかに、代わりに現れ出でた、大宇宙。

太陽はいつものように輝いていますが、日光の背後には、いつもとは異なる水晶にも似た燦爛《さんらん》たる明るさがあり、太陽それ自体も暗く思われる程でした。

私たちは、お互いのノートを集めて、聖所の入り口に行こうとしました。

ところが、私たちが足を運ぼうという衝動を起こしただけで、もう私たちは光の筋の上に乗り、あっという間に室内に入っていたのです。すでに行動を制約する壁は消え失せてしまいました。

私たちは、依然としてあの大宇宙に魅了されたままです。一体、この私たちが、この巨大な宇宙の複雑な一部であるということがあり得るでしょうか？　しかも、この巨大であるはずの私たちが今、この周囲の美しさの前に平伏しているのです。私たちは、黙然と座し、沈黙が完全に全身に沁みわたるままに任せました。一語を発する者もいません。誰かが食事の用意が出来たことを知らせるまでは、時間が経つのも忘れていました。なるほど食事も一時の大きな楽しみではありますが、先ほど過ごしたばかりの数時間が、すでに私たちの全生涯の基調となったのです。私たちが食事を済ませて食卓から離れ、岩棚の上に歩み出たときには、太陽は再び地平線に至り、急速に姿を消しつつありました。

眼前に横たわるのは、なんという眺望でしょうか。

それは、日没ではなく、久遠そのものでした。

あたかも永遠の中の短い一章が、私たちのために演じられているかのようです。しかも、永遠とともに一章ずつ生きている親愛なる方々が、ここに私たちと共にいるのです。

彼らの生命の不死を、皆さんは訝《いぶか》るでしょうか？　私たちが彼らを大師と尊称するのを不審に思うでしょうか？　しかし、本人たちは、大師の「た」の字も口にしたことがありません。

「あなた方を大師とお呼びしても宜《よろ》しいですか」と、私たちが訊ねたことへの答えは、「子らよ、私たちは、あなたがた自身なのですよ」ということでした。ああ、なんという美しさ、なんというシンプルさでしょう。どうして私たちは、このように美しいまでに謙虚になれないのでしょうか？

当初の予定を変えて、階段を降りて行く代わりに岩棚を去るつもりで、端の方に歩いて行きました。すると、端に着いたかと思ったときには、私たち一同は、もう宿舎の庭にいたのです。

誰一人として、一体何が起こったのか判りません。空中を通ったことも、否、少しでも動いたことさえ気づかなかったのです。しかし、この頃までには、もう驚くことには慣れっこになっていたので、ただあるがままを受け入れるだけでした。

村を出てラサへ／シャンバラへの道

この庭から歩いて村に出てみると、早朝出発の用意がすべて整っていて、村人数名が3

ｍ～３・６ｍくらいも峠に積もっている雪をかき分け、道をつける仕事にすでに出ていたのです。この峠は、村から80㎞ほど離れており、海抜３６４ｍの高さにあります。

この土地の大部分はゴツゴツしたでこぼこ道で、行き来も非常に困難です。

それで外出のときは、その前日に雪を押し固めて凍らせておいて、人間や家畜の通れる道をつける習慣になっています。私たちは、朝焼けのずっと前に起きたのですが、すでに出発準備が、細かいところまで整っていました。ジャストと弁尼が私たちと同行することになっていました。すでに私たちへ別れを告げに、村人全員が集っています。

私たちにとって、二冬も過ごしたこの村と別れなければならないのは、辛いことでした。

この土地の人々、一人ひとりに深い愛着を感じていましたし、村人たちもまた、私たちに同様の感情を抱いてくれていました。この村の人たちは、純朴で親切でした。多くの村人たちが名残を惜しんで、８～10㎞もついて来てくれました。

最後の別れを交わし、私たちは再びインドへ向かいました。この後ヒマラヤ山脈の南の斜面を実際に見降ろすまでには、なお数か月を要するでしょう。

キャラバンの本隊と並んで歩いているうちに、ふと気づいたのですが、私たちはなんの努力もなしに歩いていました。時には、先方の道に幻影の様に、何かの点がはっきり見えた瞬間に、数マイルも先のその地点に、いつの間にか到着してしまっていたりしました。

正午になると、火が起こされていて、私たちが出発してきた村の者3名が食事を整えてくれていました。彼らは、このためにわざわざここに宿泊していたのです。

食事がすむと、この三人はまた村へ帰って行きました。他にも私たちに先行している者がいるので、頂上の雪中の道も歩きやすいはずとのことです。

私たちのキャンプは、もうすでに入居の準備ができていました。こうして私たちが峠を越え、ギアマ・ヌ・チュ河の流れている谷に降りて行くまで、すべては事前に整えられていたのです。

この谷で私たちは先発部隊の村人たちに追いつきました。この人たちは、私たちが険しい山地を安全に旅行できるようにと、わざわざこのような骨折りをしてくれたのです。

これからの旅は楽なので、この人たちは、ここで私たちと別れて行きました。ラサまでの全行程を通じての、純朴で親切な人たちの丁重なもてなしを、ここに特記する次第です。

ギアマ・ヌ・チュ河のある谷を下り、その支流を経て大トンジュノル峠に至り、さらにプラマプトラの支流を下ってラサへ向かいました。ラサでは、私たちの来るのを今や遅しと歓迎の準備をしている筈です。

ラサが見える所まで来たとき、私たちはまるでニューメキシコあたりのタオス族の石造り家屋の村にでも近づいてきた感じがしました。この周囲を見渡したとき、あのタオス族の大きな石造り家屋の前に立った人の気持ちが判るような気がしたのです。

ダライ・ラマすなわち全チベットの君主の宮殿が、今そこにラサ唯一の大宝石とも見紛う程に際立っています。このラサは、実はチベットの仮首都であって、もっと深い霊的頭首は「活仏」であり、シャンバラすなわち天国と言われている神秘的な都市、すなわち中枢を通じて霊的な支配をしていると言われています。

この聖地を訪れるのが、私たちの宿願の一つだったのです。それはゴビ砂漠の地中深く沈んでいるとされています。

本来神である人間は、反面、魔圏を創り出し、そこに住むことも可能な存在

私たちは、従者に付き添われて都市に入り、宿舎に案内されました。そこはすでに用意万端整えられていました。白人がこの都市を訪れるのは、稀有《けう》なことであるため、外では、私たちを一目見ようとする群衆が何時間も立ち尽くしていました。

翌朝10時に僧院へ招かれることになり、私たちの希望は、すべて前もって知らせてほしいと言われました。それは私たちの世話をすることを、皆が名誉とみなしているからだそうです。

何処へ行くにも従者が一人ついて来ました。ラサの住民は、互いの家庭になんの断りもなしに入って行く風習なので、私たちの宿舎のドアには、物見高い人たちを寄せ付けないための番兵も一人つけてありました。

彼らにとっては、私たちが唯一の気晴らしの種になっているので、その物珍しげな様子をとがめるわけにもいきませんでした。もし一人で外出でもしようものなら、彼らが寄って来て、私たちが一体本物の人間なのかどうかを確かめずにはいられない、とでもいう様子です。この「検査」には、受ける側としては、閉口することも度々でした。

翌朝は、すこぶる爽快《そうかい》な気分で起き、私たちより2日だけ先に発っていた僧院長に会う支度に取り掛かりました。護衛役を連れて町を出ると、住民全体が、私たちに敬意を表していたようでした。

僧院に近づくと、僧院長が迎えに出てきましたが、驚いたことに、エミール師とその母君も一緒でした。

素晴らしい会合でした。僧院長は子供の様にはしゃいで、「エミール師やその他の方々に会いたかった」と言います。彼はいろいろなことが上手くいかない感じがするので、この方々と話し合い、もっと悟りを深めたかったのです。

また彼が管轄《かんかつ》していた村に建てられた小さな家のことも真っ先に知らせてくれました。彼は英語も流暢に話しますし、いろいろなことを知りたがっている様子でした。

私たちはそろってラマ寺院に行き、歓待を受けました。僧院長はエミール師の母君に向かって次のように語りました。

「力は私の父なる神の積極原理の現れです。従って、それは、常に建設的な行為です。神の完全なる行為と顕現には、多過ぎることも少な過ぎることもありません。

神に失敗は決してなく、不活動も決してありません。神なる原理は、いつも建設的に働いています。唯そうと知るだけでなく、さらに進んで私は、この活動的な神性原理と、しかもそれのみと、完全に調和しているのです」。

ここで、エミール師の母君は、その考えを受けて、次のように話し出しました。

「それをさらに一歩進めて、このようにも明言できます。『我が肉体よ、我はこの聖なる炎を、汝を通して注ぐ。ゆえに、汝は、神なる原理の見給う唯一の、聖なる質料に変性する』と。あなたがたは、神意識を受け入れ、自分の意識を神意識にまで拡大することが必要になってきます。

そうして、自分自身が神に夢中になることです。

そうすれば、あなたがたは実際に神となるのです。いと高き者と一つになるのです。人は本来このいと高きところに属する者です。人間は、本当に神なのです。

ここではもはや神と人との間になんの区別もありません。

ところがまた、あなたがたは、人間自身が神にも成れれば、悪魔にも成れることをご存じでしょう。

しかし、人間が神の波動全域の中に在るならば、そこが人間本来の波動圏なのです。これこそが、唯一の科学的領域、人間のための唯一の場なのです。そのような人間は確かに世俗的人間の考えた人間観を超えています。

あなたがたは、神の国に属する者であって、人間自身の創り出した何かの悪魔に属する者ではありません。人は本来神であるが故に神となり得るということ、その反面、また自らの創造力によって自らを神の国から疎外し、自分自身で魔圏を創り出し、それを実在と錯覚することもできるということは、全く科学的であり、論理的はないでしょうか？

そのいずれを採るかの判断は、あなたがたに任せましょう。

これこそが、人間が立つか倒れるかの唯一の分岐点です。

選ぶべきものは、ただ一つ、ただ一つの目的、ただ一つの真理、ただ一つの学問のみです。その正しい選択が、あなたがたを解脱させます。あなたがたは自ら選ぶがままに、神ともなれば奴隷ともなるのです。

しばらく雑念妄想を止め、神あるいは第一原因がすべてであること、それは始めも終わりもなく、全宇宙にわたり、全宇宙の中にあって、あなたがたを取り巻いていることを考えてごらんなさい。

あなたがたが、素直にこのこと、そしてこのことだけ、すなわち一なる神、全能なる存在のみを崇拝するならば、あなたがたは、自分の身体の波動が人間のそれから神、すなわち原始の波動に変わることに気づくでしょう。

あなたがたが、この波動を思い、その中で生き、動き、かつそれと一つになることが、それを崇拝することになるのです。

そして、あなたがたが崇拝し、生きる理想とするものに、あなたがたは成るのです。

すべての人類は、かくの如くであり、すべての人類にとって真実なのです。一つの神、一つのキリスト、一つの融合、一つの人類があるのみです。

すべての兄弟姉妹から成る一つの総世帯があるのみです。すべては一つなのです。

神は、ある一人の人間、または一つの人間像としてだけ現れるものではなく、すべてに遍満し、すべてを包含する普遍として現れます。

神を人格化したその瞬間には、もう神を偶像にしてしまっているのです。それは、空虚な偶像を抱いているのであって、もはや、理念は消失しています。

ここでいう理念とは、死せる救世主、あるいは死せる神ではありません。神を自分にとって生ける者とし、活力ある者とするためには、自分自らが神であると思い、かつ知らなければなりません。あなたにとって、他の如何なるものよりも、それは生けるものであり、活力あるものです。

これが人間の本質に関する聖なる科学です。その時あなたがた、すなわちキリスト、すなわちあなたがた自身の救世主は生ける者となり、あなたがたと一つになります。

あなたがたはそのものです。このことが、あなたがたの全生涯の動力となります。あなたがたは、自分で自分自身、すなわち神我を贖《あがな》ったのであり、神、真の神と一つなのです。

このことを拝し、愛し、尊ぶことによって、それは真に内在して活動する神、すなわちあなたがたの理念となるのです」

シャンバラは実在していた！

ここでお話は、シャンバラに行く可能性の有無に移っていきました。僧院長が「自分にも行けるだろうか」と訊ねると、「肉体をいったん放棄してからまた組み直すのであれば苦も無く行けるし、今晩一同揃って行くことになるでしょう」という返事でした。

この方々とは、宿舎で夕方早目に落ち合い、私たちの隊長も同行することに決まりました。私たちが帰ってしばらくして、ご一行は集合し、短い話のやり取りの後、ドアから出て行きましたが、その後数日間は、姿を見せませんでした。

その間私たちは、僧院の中で慎重に製図に専念していました。

ある日のこと、古い僧院のいくつかの地下室の一つでガラクタを漁《あさ》り、あれこれ動かしていると、古い大理石製の碑にぶつかりました。

それを屋外に運び出して掃除をしてみたところ、彫刻の美といい、細部の細工といい、その出来栄えの見事さに、一同は驚きました。ラマ僧たちでさえ驚いたほどです。

以下は、一人の老僧が語る由来です。

この老僧が、まだほんの小さな子供の頃、彼はこの古い寺院を管轄していた大ラマ僧のうちの一人の弟子となりました。その頃、この石碑は壁の中のくぼみの中に安置されており、師の老僧は、弟子たちに対して、毎月第一月曜日の朝9時には、この石碑の場所に行くようにと強く言いつけたものでした。

彼らが石碑の置かれている壁龕《へきがん》にやって来て、3、4分の間沈黙したまま立っていると、何処からともなく声が聞こえてきて、この石碑の歴史と碑文に記されている「大いなる事ども」を歌うのでした。

その歌は、この碑文が数百万年もの昔、現在のアメリカ大陸の大部分に存在して栄えたあの偉大なる白色文明を記念するために刻まれた2枚の内の一つであること、また、もう一つのいわば兄弟にあたる石碑も現存して、その産みの母国で見出し得ること、従ってそのような土地が存在していることを告げているそうです。

私たちは、この歌の告げることをそのまま受け入れました。

数年後、言われた通りの土地で仕事をしましたが、この歌の通りの場所に、大きな壁がはめ込まれているのを発見しました。その壁は、いまでは廃墟と化した中米にある、ある石寺の壁です。

これをもってしても、いかに伝統や歌を通して真理が明るみに出るかが判ります。

この歌の中で繰り返されている石碑や伝説に私たちが興味を抱いたお蔭で、他のいろいろな記録や資料に近づくことができ、それがまたその後の私たちの調査事業に、無上の助けとなりました。

この出来事は、数百世紀もの間護られてきた僧院の中にある記録や、特にまた活仏、すなわちダライ・ラマの宮殿にある数々の記録に通じるドアを開くのに強力な要因となったのです。

私たちがこれらの記録に惹かれたのは、歌の中に唄われた伝説のお蔭です。もっともこの二つの石碑を除けば、他の物は、写本に過ぎないことが判明しました。しかし、それにしても、これらの写しは注意深く造られていて、後になって原本への道を指し示してくれたのです。私たちは、この仕事にすっかり夢中になってしまったため、同行の大師たちや隊長が滞在を延長していることに気づきませんでした。

しかし、後でようやくそれと気づいたのですが、ほとんど気にしませんでした。というのは、この遥かなる国では、予見し得ない状態が幾つも起こり、そのために滞在延期となるのは、仕方がないからです。その間に土地の人々は、私たちにある程度馴れてもきて、私たちもまた彼らの生き方に馴れるようにしていきました。

こうして、双方の側から、好奇心が友愛へと道を開いていきました。

12日目の朝、僧院へ行く準備をしていると、外がざわめいているので、ちょっと外へ出てみると、僧院長一行が帰っていたのです。彼らの旅行は大成功でした。

シャンバラという場所は実在していたのです。

その芸術と文化の美しさと壮大さは、初めの姿そのままに保たれ、その壮麗なることは類まれなそうです。

第9章

僧院長は語る／なぜ宗教から神のキリスト（神人）となるという到達目標が消えてしまったのか

ダライ・ラマの謁見室《えっけん》へ

翌日の正午に、偉大なるダライ・ラマが、宮殿で私たちに謁見を賜《たまわ》るという連絡が届きました。その際の儀式についての心得を得るために、その晩僧院長が宿舎に来てくれました。謁見の手続きは、普段は遅いのに、今回はスムーズに許可が下りたことを、彼は非常に喜んでいました。

彼の話では、例のシャンバラから使者が出され、猊下《げいか》に隊長一行のシャンバラ訪問が伝えられたので、その日の内に、この特権が与えられたのだそうです。猊下はまた、住居が忽然として変貌した例の村での私たちの言動なども耳にしたそうです。私たちとしては、この国の全土にわたって、私たちの仕事の継続を認可していただくつもりだったので、できるだけ好印象を与えたかったのです。

一方、ポゴト・ラマ、すなわちこの地方の知事から、昼前には本人がここに来駕《らいが》くださり、できるだけ私たちの手伝いをする、という言付けをよこしたそうです。

これは、全く予想外でした。この分では、明日は私たちのこの少人数の一行にとって、事多き日になるに違いありません。当日は早起きをして、歓迎隊と揃って知事に会いに行きました。知事は私たちの、この外交ジェスチャーをとても喜び、宮殿からの帰りには、彼の賓客《ひんきゃく》として、一緒に来て欲しいと招待されたので、それを受けることにしました。

知事と一緒に宮殿に着くと、貴賓室まで付き添われ、そこから、宮殿での謁見が正式に行われる前準備として為される1番目の儀式が行われる部屋に、まっすぐ案内されました。着いてみると、三人のラマが敷物を敷いた高い椅子の上に威厳を正して座っており、それより低い階級の人たちは、床の上に心静かに座っています。

赤いひだのある外套を身につけた二人のラマが、高い床の上に立って、呪文の指揮をしています。司祭長と僧院長は儀式用の傘をさしかけてある立派な席に座って知事を待っています。このラマ僧の堂塔伽藍《どうとうがらん》には、大きな中庭があり、今日のこの式のために装飾されています。それらの装飾は、１４１７年に起こった事件（ツオン・カパによるチベットの宗教改革）を表現しているそうです。

装飾図の各場面に、僧院の石造りの祭壇上にいるツオン・カパの姿が描かれています。

彼は大衆に向かって人間の修行の結果の偉大さについて説法した後変貌し、肉体もろとも姿を消したのです。その後復活して、黄帽派、すなわちチベット改革教団を確立し、それ以来ラサがその中心となっています。

しばらくすると、知事が従者を従えて入室し、真直ぐ高座に進むと、僧院長が降りてきました。二人は一緒に立って私たちを迎え、ダライ・ラマの謁見室へ案内してくれました。この大きなホールは、豪華なアップリケを施した絹の幕と、黄色い漆塗《うるしぬ》りの家具で飾られています。

私たちは従者に導かれ、猊下の前にしばらくひざまずいてから起立し、席に案内されました。

僧院長がスポークスマンになって、私たちの訪問の目的を述べました。

猊下が立ち上がって手招きしたので、侍従の一人が私たちを玉座の前にしつらえためいめいの席に案内してくれました。僧院長と司祭長は、それぞれ別の上座に席を占めました。

やがて猊下が玉座から降りてこられ、私たちの前に立つと、一人の従者が捧げていた笏《しゃく》を受け取り、私たちの前を歩きながら一人一人の額に笏で触れました。

猊下は司祭長を通訳として、チベットへの歓迎の意を表し、この国に滞在中、私たちを猊下の賓客とすることを名誉とされること、私たちが滞在する限り、あるいはこの国に戻ってくるときは、いつでもこの国と国民の国賓であるとみなしてもらいたいと述べました。

私たちは、たくさんの質問をしましたが、翌日答えると言われ、また、宮殿の倉庫にある多くの記録や石碑の調査を勧めました。

やがて猊下は従者を一人呼ぶと、いくつか命令を下しました。これは、通訳されませんでしたが、私たちの行動を制約しないで、宮殿内を自由に行動させるようにとのことだと知らされました。

その後、猊下は私たちに祝福を与え、一同と温かい握手を交わした後、私たちは、僧院長と司祭長に付き添われて宿所に案内されました。この二人は、私たちと話したいことがいろいろとたくさんあるので、宿舎に入ってもよいかと訊ねました。

ゴビ砂漠にあった古い文明／すべての文明・宗教は一つの源泉より出ている

宿舎の中で、僧院長は語りました。

「あなたがたがあの小さな村で私たちと一緒に過ごしてからというもの、珍しいことが、たくさん起こりました。私たちは、僧院の中にある石碑を若干調べていますが、皆が皆、ゴビ砂漠に古い文明があったことを物語っています。

すべての文明と宗教の教えは、一つの源泉からきているというのが、私たちの考えです。いろいろな記録はその出所や年代は判りませんが、みな数千年前に住んでいたある国民の考え方を述べていることを知り、私たちは非常に満足している次第です。ラマ僧の一人が私たちのために翻訳してくれたものがありますが、その要約をここに持っているので、皆さんのお許しを得て読んでみます。

しかし、読む前にお話ししたいことがあります。

私たちの現在の宗教観念は、約数千年前にその源を発したもので、その頃住んでいた人々の考え方や信条の言わば混合物に過ぎないことを、私たちは、よく知っています。その中のあるものは神話であり、別のものは伝説であり、またあるものは、純粋にインスピレーションの性格を持ったものです。

神のキリスト（神人）となることが個人としての到達目標の一部であるのに、これらの宗教は何一つとしてこの最高目標を大まかにでも示したものはなく、またそのような目標を理念とした生活を送ることによって、その目標に到達することが可能であることも示していません。

しかしながら、このような石碑が私たちの中に長い間存在してきたのに、私たちがそれに気づかなかったのは、一体どうしてなのでしょう？　仏陀や光を得た偉大なる方々が、実はそのことを説いていたことが、今になって初めて私にもよく判ったのでした。この偉大なる方々に、このように身近に、このように長く暮らしてきていながら、教えの真実を私たちが捉えなかったのは、一体どうしてなのでしょう？

私たちが敬愛するツオン・カパは、生涯をかけてこの高みにまで到達したことを、私たちは知っています。その他の方々も、また諸氏が今日お会いした高貴なお方も、それを目指して高いところまで到達しているわけです。その方々が、意のままに去来するのも、現に見ています。しかし、一般大衆は僧侶たちに支配され、踏みつけにされて、実に惨めです。

なぜ、このようなことが続いているのでしょう？　なぜ、大衆は偉大なる唯一の方法を操り、自分自らをその法則として出直すよう、教育されないのでしょう？　この古代文明時代には、各個人がこの法則、この完全なる状態を実際に知り、それに従い、それを生き、それと一つになっていたことが判ります。

それ以外の現象は、完全に人間の側に起因するものであって、それは完全という法則についての無智の結果です。この法則がまだよく整理されていないために、人類家族にそれを知らせてやることができないということはあり得ません。もしそんなことが本当なら、それは法則そのものではなく、法則の一部であって、たかだか法則の一部しか現し得ません。

全体の一部に過ぎないものは、全体の一つの現れに過ぎず、それは全体から離れて小さく固まり、遂には、極もなければ、全体との繋がりもない、一個の孤立した粒子となります。それでもなお、それは空間に軌道をもっているかのように見せかけていますが、実は、自分自身の軌道を持っていないために、自分自身の軌道を求めながら飛び回っているのです。それはただ本体の軌道を借りているだけであって、しかも本体と一体になることは、決してありません。

私たちの太陽系、特に木星と火星との間には、現在この現象の実例が幾千となくあります。この空域には、見かけ上太陽の周りの道を運行しているので、太陽に繋がっているように見える小天体が幾千も存在しています。それらは実は親である木星の引力と本当の根源である太陽への極の喪失のために、木星の軌道を回っているだけです。

木星が排出されたとき、この小天体群も一緒に排出されたのですが、木星とは決して一つにならず、しかも本源である太陽を完全に無視して、木星と共に飛び続けているのです。

それは、この小天体群の中には、本源である太陽を中心とする極化の性質が欠如しているためであることが、確実に判っています。

この場合、間違いは木星にあるのでしょうか？　それとも、個々の小天体の側にあるのでしょうか？　このことは、人類の場合にも該当するのではないでしょうか？

父なる神が間違っているのか、それとも大いなる悟りや智恵を得ている人々に誤りがあるのか。あるいは、悟りや智恵の小さい人たちに誤りがあるのか。

誤りは完全に、悟りや智恵の小さな人々の側になければなりません。なぜなら彼らは、彼らよりも悟りや智恵の大いなる人と一つになることを肯定しないからです」

常に神と一体であることを肝に銘じる

そのあと僧院長は、エミール師に向かって語りました。

「大いなる悟性が私をすべて包み込んでいるのに、小さな悟性に私がしがみついていたことが、あなたにお会いして初めて判りました。

ところで、例の翻訳文に話を戻しましょう。

私の生涯の重要な転機が来たのは、この翻訳のお蔭だからです。

『大原因、すなわち支配原理は、その子キリスト、完全なる人間を見て言いました。

これは、主なる神、我が実存の法則である。

我は、彼に天と地とその中にあるすべての統治権を与えたのである。

この完全なる一者は、いかなる世俗の観念にも束縛される必要はない。

我が完全なる理念は、いかなる束縛をも超えて高く掲げられ、我が持つ権能と領域を持つからである。

我は、我が実存たる主なる神を通して、かく語る。

我が汝に与えるのは、命令ではない。

汝が、神聖なる創造意志において我と協力するならば、汝は他のいかなる者をも必要とせず、また、我が前にも汝自身の前にも、いかなる彫像をも、崇拝の対象として立てる必要はない。

かくして、汝は諸々の像を神と呼ぶことなく、汝自らが神であり、我またいたく汝に歓べることを知るであろう。汝は我と同じ支配力を持つ。我が子よ、いざ我に寄れ。我と一つとなれ。我は汝自身である。我々は共に神である。

汝の身体は、理想たる神の身体であり、しかも現に存在し、かつ人類がその形をとる以前にすでに存在していた神の身体である。

これこそ人類の実存、神の創造である。全人類は、この真の自己の像を受け容れさえすれば、この完全なる形と像が現れるのである。これこそ人に属し、人として完全なる神の宮である。

汝は、天上、地上、もしくは水中にある、如何なるものをも彫像として崇拝してはならぬ。いかなる物質をも本尊、あるいは偶像としてはならぬ。すべての創造的物質は汝に使用させるため、最大限度に押し付けてまで汝に与えてあるからである。

汝はいかなる被造物に頭を下げることも、それらに仕えることも要らぬ。

かくてまた、妬むものとてなく、また、汝の後代の子孫に累を及ぼす罪、あるいは、不義とて無いであろう。如何となれば、汝は常にその目を神（Cause）にしかと向け、毅然として立つからである。その故に、かの第一原因なる汝の理想は減ずることができぬ。かくして汝は我が汝に現したると同じ愛を示現する。

神（Cause）、すなわち指導原理（Directive Principle）こそは、汝の父にして母である。その故に、汝の生きる日々は数知れぬ浜の真砂《まさご》よりも多きことを知り、神、すなわち指導原理を崇拝するがよい。

汝は傷害、破壊、殺害を欲してはならぬ。

すべての被造物は汝が創造したものだからである。彼ら汝の子ら、汝の同胞であり、我が汝を愛するが如く、汝もまた彼らを愛するのである。

汝は姦淫を犯してはならぬ。

これらのものに汝が為したることは、なんであれ、汝の父母・兄弟・姉妹・あるいは汝の愛する者に為したこととなる。彼らは神が汝を愛するが如く、神の愛する者なるが故である。

汝は盗みを犯してはならぬ。

なんとなれば、神より盗むこととなるが故である。もし神から盗むならば、汝自身から盗んでいるのである。

汝はいかなる被造物にも偽りの誓いを立ててはならぬ。

何となれば、そうすることにより汝は、汝自らである神に偽証することとなるからである。

汝は貪《むさぼ》ってはならぬ。

なんとなれば、汝は貪ることにより、汝自身である神から貪ることとなるからである。常に神と一体であることを肝に銘ずれば、汝は完全にして本来汝のものたるべきものを掌中に収めるであろう。

かくて汝は、金・銀もて本尊を造り、神々として崇めることをしないだろう。汝自らをすべての純粋なるものと一体と観れば、汝は常に純粋である。

然るとき、汝は恐れることはないであろう。汝自身の他には、いかなる神も汝の証しを立てには来ぬからである。神は、人格を持つ者にはあらずして、非人格的なる者であり、すべてのもののために在り、またすべてを完全に包容する。然らば汝は祭壇を建て、そのうえに低き神々の火にはあらで、至高神なる支配原理の不尽の火をこそ起こし、常にそれを燃やし続けるがよい。真の原理すなわち究極原理者の、完全にして唯一人の生みし子、キリストなる汝ら自らを観よ。

このことを充分に知りたる暁に、汝が神なる言葉を発すれば、かの言葉は目に見ゆるものとなって現れ出るであろう。汝は創られたるものであると共に創り主でもある聖なる支配原理なる神の周囲、上、下、中にありて、共に一体である。

諸天は、神の声に従う。声なき神の声は人を通して語り給う。神語り給い、人また語る。

神は常に人を通して語り給う。かくて人が語る時、神が語り給うのである」

私は私自身の内なる神の声を聞く／この啓示がインスピレーションと導きを与えてくれる

僧院長は、さらに語り続けます。

「以上読んだことに関して、私はこう思いました。

これによって、私の将来が今まで以上に明らかになったこと、また自分の思い、言葉、行いはすべて明確でなければならないこと、また、この明確な原理と一体となって生きてゆかなければならないことが判りました。まず、思いと言葉と行いの中に描けば、その通りの者になることが判りました。自分が表現した理念が具現化されるのです。もっとも暗い時でも、その間中、神は依然としてましますことが判りました。

恐れを抱いているときでも、私は我が父なる神を、さらに一層信頼します。すべて善く、我が完全性は完全にして、すでに今成就していることを十分に知るがゆえに、全く心安らかです。

神はすべてを包含する心、我が父であり、人は神のキリスト、我が父なる神の似姿であることが、今さらながら判りました。本源と私は一つなのです。

ゆっくりと、しかし着実に、絶対的な霊的ビジョンが近づいて来ます。

私がそれと気づいた時に、それはすでにここに在ります。それは今、此処に充分にして完全に実在します。絶対的なる霊的ビジョンを私は讃える。それが私の最高の理念を成就しつつあることを、父よ、感謝します。

働くとき、私は違《たが》うことなき、神の意識ある法則と一致して働いていることを、常に自覚しなければならないのです。

『我、汝に我が平安を与える。我が愛を汝に与える。我、汝に与えるは、世の与える如きものに非ず』。という、言葉が今判りました。『我に内なる宮を建てよ。I AM（神我）が、汝らの中に住まんが為なり』の意味も悟りました。

I AM（神我）とは、あなたの神であり、あなたはまた私と同じ神なのである。これは、何らかの教会や組織のことを言っているのではありません。それは、人の内なる真実の平和の宮のことです。そこに、すべてのものの源泉である神が現実に住み給うのです。

神と人はすべての者のために内なる宮を保持します。そこに住まう、真の理念、I AM

（神我）を崇めんがために、人類は神殿を建てたのです。

ところが、やがてこの幕屋そのものが崇拝され、空虚なる偶像が創り出されるようになったのです。それが、すなわち今日の教会です。

私が真の理念を固守すると、私は私自身の内なる神の声を聞く。

この声による啓示が、人生における私の成す業に慰めとインスピレーションと導きを与えてくれます。『二人もしくは三人ありて我が名において集まらんに、I AM（神我）が常に内に実在する』からです。

もし、私が進歩したいのであれば、私は努力し、それ一筋に貫き通さなければならない。決してひるんだり挫けたりしてはならない。

私は父なる神の一人子キリスト、神の理念であり、神は我にいたく歓び給うていられるのである。私は父なる神を知り、観、かつ神と協働する唯一の者、神の知り給う唯一人の子孫――しかも神はすべてを知り給う――である。なぜなら、すべては一様にこう主張することができるからである。『こと成れり』と」

第10章

過去世の秘録／ペルシャで発見されたアトランティスの石板

見知らぬ文字が刻まれた宝石のごとき石板はアトランティス時代のものだった

翌朝、僧院長を待っていると、使者が一人やって来て、その日の午後2時にダライ・ラマの謁見を賜ることになっていると知らせてくれました。

そこで、僧院長を探しに出掛け、彼が謁見の間を出ようとするところを捕まえました。

僧院長は私たちの自由入国許可証を片手に持ち、その顔は輝いていました。

使者が私たちに持って来た命令書を読み終えると、

「これは命令ではなく、ただの依頼ですよ。この許可証をあなた方に授与するために謁見されるのです」

と、言いました。

みんな揃っているし、謁見までに時間もあることなので、これからすぐに例の記録類を見に行ってみようということになり、すぐにそこから連れ立って歩いて行きました。

着いてみると、大いに驚くべきことが、私たちを待っていました。

そこには、数々の粘土の石文《いしぶみ》と、銅や青銅の板に刻まれた記録があり、白くて薄い大理石に美しく彫られた石文もあります。この種類の記録に接するのは、これが初めてなので、すぐに詳しい調査にかかることにしました。

僧院長は、詳しくは知らないが、これはペルシャの原産で、それに精通しているラマ僧を探してみようというと、すぐに部屋を出て行きました。私たちは、詳しく調べましたが、書かれている文字は、私たち一行の誰にも判りませんでした。

石板は、2枚の純白の大理石で造られており、厚さは76㎜で、正体不明のセメントでベニヤ板のように貼り合わせてあります。端は綺麗に斜めに切ってあり、周囲は6㎝の余裕を残して、画像が浮き彫りになっています。これらの画像のうち、多くは象眼です。題字は、すべて純金の象眼ですが、浮いてはいません。

石文には一組ごとに注意深く番号が打たれ、各組毎に通し番号になっています。

年月日は、葡萄と葉が絡み合った、花環で表記されています。たとえば、1894年1月1日という日付を記すとすれば、1月はまだ蕾にもなっていない花の茎を純粋の翡翠《ひすい》で象眼したもので表してあります。月の第1日は、金を象眼した、蕾の開きかけている茎で表しています。

8は、八つのおしべの出ている満開の花で、一枚一枚のおしべが、めしべを取り囲んで金の象眼がされ、さらにまた金の中にダイヤモンドをちりばめてあります。

9は、9枚の花弁を持つ満開の薔薇で表されます。1枚の花片は瑠璃《るり》、隣の花片は翡翠、そのまた隣は玉髄《ぎょくずい》で象眼してあり、この順序で3回繰り返されています。これは、9が最後の数字であることを表します。このようにして、彼らは0から9までの数字を使い、その後はこれらの数字を繰り返して用いていました。

4は、1本のめしべと3本のおしべがのぞいていた、開きかけの百合です。百合の鉢は淡い翡翠、おしべは四つの小さなダイヤモンドが施されたファイアーオパール、めしべは同じく小粒のダイヤモンドを四つ散らした瑠璃を象眼してあります。

本文の余白は、糸のような金の象眼の葡萄で縁取ってあり、葉は緑色の翡翠の象眼で、すべてが微に入り細に入りの見事な細工です。

従って、石文の一枚一枚が、それ自身完全な宝石です。石文の型式や日付の方法は、それが初期のアトランティス時代のものであることを示しています。もしそれらを売りに出すとすれば、一枚一枚が王の身代金にも相当するでしょう。

私たちが考え込んでいると、僧院長と管長がこれらの記録係をしている老ラマ僧を連れてきました。

やがてこの老僧の語りだした由来物語に、私たちが忘我の境地で聞き入っていたため、僧院長は、私たちにダライ・ラマへの謁見の時間が間近に迫っていること、また謁見の前に法衣に着替えなければならないことを伝えました。

ダライ・ラマから直接賜った行動許可証

宿所に戻ってみると、各自のための法衣が用意されてはいましたが、その着け方となると、まるで見当もつかない難問でした。

一方、時間は容赦なく経っていくので、大急ぎで、とにかく着てみることにしました。後で判ったことですが、ある者は裏返し、ある者は後ろ前に着て、正しい着方をした者は、ほんの2、3名しかいませんでした。

謁見の間に着くと、ダライ・ラマが侍従を従えてホールを横切り、大きな扉から部屋に入るのが見えました。玉顔には、おおらかな微笑がチラッとよぎるのが、確かに拝されました。

私たちは、心を落ち着け、不動の姿勢を取り、私たちの出入口となっている扉が開くのを待っていました。やがてドアが開き、招き入れられたのは、豪華絢爛たる装飾の頂点でした。このようなものを、この目で直に見るとは、まさに幸福の至りです。

天井は中央が大きなドームとなっており、三つの大きな明り取りがついていて、そこから光の大光条が室内一杯に照射し、その光輝、華麗なるさまは、筆舌の及ぶところではありません。

壁は全面、金糸・銀糸で交織した模様の掛毛氈《もうせん》で覆われています。部屋の中央、金で織った布を敷いてある上段に、紫と銀の織布で縁取った金織の法服を身につけたダライ・ラマが座っていました。僧院長と司祭長は、私たちを猊下の前まで案内すると、前回のように各列の先頭に侍立しました。

ダライ・ラマは一言、ご挨拶を述べると、段を降りてきて、私たちの前に立ち、両手を挙げました。私たちは、膝まずいて祝福を授かりました。

私たちが立ち上がると、猊下は隊長のところに寄って来て、1本のブローチを隊長の胸に留めると、通訳を通して述べました。

「これは、貴君の同僚に、この国土での自由行動を許可するしるしです。諸君は自由に行き来をして宜しい。なお、それと共に貴君にこの辞令を授けます。これによって、貴君はチベットの市民に列せられました。さらに余は貴君に『大ゴビ卿』の称号を与えます」

その後猊下は、私たちみんなの並んでいる前を歩きながら、一人ひとりの胸に、少々小さいながらも、同じブローチを着けてくれました。

「余の尊敬の徴として、これを佩用《はいよう》するがよい。これは、諸君にチベット全土への入国を認めるしるしです。諸君が何処へ行こうと、これが、合言葉の代わりとなります」

それから、僧院長の手から辞令の巻物を受け取り、隊長に渡しました。

ブローチは金製の繊細な細工で、硬玉の上に浮き彫りにしたダライ・ラマに生き写しの肖像が、カメオのように真中に取り付けてあります。

これは、私たちにとって、非常に貴重な宝です。ダライ・ラマをはじめ、すべての方々は実に優雅そのもので、私たちはただ、「ありがとうございます」と言うのが、精一杯でした。

そのうち、例の記録係の老ラマ僧が、係の声と共に入室し、私たちがダライ・ラマと夕食をご一緒することになっていると知らせてくれました。

甘美な謎の歌に導かれて発見された石板

食事が終わると、話題は次第にあの貴重な石文のことに移っていきました。

老ラマ僧とダライ・ラマが通訳を介して、この石文の詳細な歴史を語ったので、私たちは、それをつぶさにノートに取りました。これらの石文は、ペルシャのある古寺の廃墟の下に埋もれている蔵の中から、ある遍歴中の仏僧が発見したものだそうです。

その仏僧が三昧《さんまい》に入っていると、廃墟から甘美な歌が聞こえ、それに導かれて石文の在処にたどり着いたと言います。

その歌があまりにも甘美で、しかもその声があまりにも明瞭なため、遂に心を動かされ、歌のする方を訪ねて行くと、いつの間にか、荒廃した倉の中に来ていました。

どうやら声は下から来るようで、よくよく調べてみましたが、穴一つ見つかりません。

そこで彼は、歌の出所を突き止める決心をしたのです。

簡単な道具を手に入れると、彼は瓦礫《がれき》を掘り起こし、やがて一枚の敷石を見つけだしましたが、それは、廃墟と化した倉の床石の一枚としか思えませんでした。

この古い廃墟の中を音を立てて吹き抜ける風に虚しく誘われ、本道を外れてここまで来たのかと思うと、彼は、心も重く沈んでしまいました。

諦めて去る前に、彼はもう一度そこへ座り、しばらく瞑想に浸っていました。すると、また例の声が前にも増してはっきりと聞こえ、しかも、仕事を進めよという命令で終わったのです。それを聞くと、彼はほとんど超人的な努力で、ようやく敷石を取り除くのに成功しました。すると、下に降りて行く穴がぽっかりと現れました。

早速穴から中の通路に入った途端に、見えざる力によるかの如く、パッと中が明るくなり、彼の進む前に一条の明るい光が射しました。その光を追って行くと、やがて巨大な何枚かの石の扉で閉ざされている、一つの大きな蔵の入り口に突き当たりました。

扉の前でしばらく立ち止まっていると、蝶番《ちょうつがい》が軋《きし》りだし、大きな石の板がゆっくりと開き一つの出入り口が現れたので、その中を抜けて行きました。敷居をまたぐと、謎の声が、まるでその主が中にでもいるかのように、はっきりと甘く鳴り響きました。いったん、敷居のところで止まっていたように見えた光も、大倉庫の真ん中まで動いて来て、隅々まで中を照らしています。この倉庫の壁の壁龕《へきがん》に、埃《ほこり》をかぶり、時代の堆積《たいせき》と共に、これらの石文があったのです。それを2、3枚調べてみて、その美しさと値打ちを知ると、彼は信頼できる同志何名かに連絡したうえで、安全な所まで移す相談がまとまるまでは、そっとしておく決心をしました。

そこで、いったんこの倉庫を出ることにして、石の板を外し、瓦礫で再び隠してから、彼の話を信じ、彼の計画をともにやり抜くだけの剛直さと資力を備えた盟友を探しに出掛けたのです。この盟友探しは、3年以上も続きました。その話を打ち明けられた人々は、ほどんど皆、彼がすっかり気が狂ったとしか思いませんでした。

遂にある日、ある巡礼の途上、前にも同じ巡歴の途中で会ったことのある三人の僧侶に再会しました。

そこで、この三人にその話をしたところ、最初は非常に疑わしそうにしていましたが、ある晩、彼らが夜営の火を囲んで座っていると、9時きっかりに、謎の歌が再び聞こえてきて、これらの記録のことを歌いだしたのです。

この4名が巡礼の隊列から抜けて、その廃墟を目指して旅立ったのは、その翌日のことでした。その時以来、夜9時になると、決まって謎の歌声が聞こえるようになりました。

4人が疲れて意気消沈でもすると、謎の声は、一層甘美な調子で歌いました。

やがて旅も終わり、目的の廃墟に近づくと、扉がパッと開かれ、彼らは中に入って行きました。僧侶たちはちょっと調べただけで、この発見が極めて価値のあるものであり、文字通りの大発見であることを確信しました。

彼らは興奮し、魅惑され過ぎた余り、3日も眠れない程でした。やがて、これらの石板の一層安全な場所への移動を可能にしてくれるラクダや必要品を確保するために、彼らは約112キロ先の村に全速力で向かいました。

ようやく12頭のラクダを手に入れ、石板を載せて出発することになりました。石板に傷がつかないように梱包し、さらに3頭のラクダを入手すると、ペルシャ、アフガニスタンを経て、ペシャワールへの長い旅路に出発しました。ペシャワール近くで、人目につかない洞穴の中に荷物を密かに降ろし、そこで5年を過ごしました。

一行のうちの一人は、石板を守るため、いつも洞穴の前で座禅を組んで座っていました。やがてペシャワールからパンジャブのラーンダに移され、そこで10年過ごし、その後いろいろな過程をゆっくりと経たのちに此処に移され、大ラマの宮殿に格納されるようになったのです。

この宮殿からさらにシャンバラに移管されることになっているので、思いがけず、その途中で、私たちはこの石文にめぐり逢ったという次第です。

話がここまで来たとき、従者の一人が、4枚の石板を部屋の中に運び込んできて、一段と高くなっている所に丁寧に置いたので、私たちはそれを囲んで座りました。

そして、時計の針が9時を指すと同時に、軽快な調子の声が響いてきました。限りなく甘美な、しかしまだ成熟しきっていない、少年のソプラノの声でした。

石板に書かれていたこと／その源泉はやはり「一者」しかあり得ない

以下は、この石板に刻まれたものを、できるだけ忠実に翻訳したものです。


全知、叡智に満ちる大霊がある。

この叡智は神聖であり、無限にして、すべてに遍満し、矛盾することは有りえない。

この叡智は、すべてに遍満しているがゆえに、それは、すべての根源である。

それは神聖である。

この神聖なるものが思考によって形を取り、あるいは目に見える形態となったものが、いわゆる事実であり、すべてについての真理である。

人はこの全知、叡智に満ちる大霊、神、善、その他望むままになんとでも名前をつけるがよい。

人間はすべてのものに名前を付けないと気が済まないからである。

ひとたび人間がものに名前を付ければ、彼はそれを実現する力を持つに至る。

人間がもしすべてのものを敬い、尊び、礼讃する心をもって命名するならば、彼は命名した通りの者になるのである。

かくして、人は自らの選択によって、神にも動物にもなることが判る。

彼は自らの従うべきものとした理想像になる。

このように考えていけば、人は神の一人子であるし、一方また動物の一人子でもあり得ることは、判りやすい道理である。

また、このようにして、人は自らの選ぶがままに、悪を観れば悪、すなわち悪魔となり、善を観れば、神となる。

全知、叡智に満ちた大霊が、形無き無の状態にあって、瞑想をしていた。

形無き無とは、叡智がそこに満ち、自らが全ての生物、非生物の観察者であると同時に、作成者であることを知っていた。この静謐の状態にあって、全知、叡智に満ちた大霊は、何ら修正すべきものは無いことを見給い、宇宙を放射すること、すなわち宇宙を産み出すことに定め、宇宙の在るべき像を描いた。

完全なる像、すなわち聖なるプランの他に手本はない以上、宇宙はいわば喜んで叡智が支配するこの像を取った。聖なる理念像は拡大してゆき、遂に完全に可視状態となった。これが、今日私たちの見る宇宙であり、それは、今も完全なるプランを満たしつつ進行している。

この叡智こそ、完全なる聖理念計画の立案者であり、また指揮者なのである。

この叡智は、生命体を生み出し、叡智自身を現す媒介となる潜在的パワーをすべて、この生命体に与える必要のあることを知った。

この生命体こそが、不死の人間として知られているものである。あらゆる相、あらゆる方向に分化する神性理念が、今日の今日における、個々の人間の不死である。

人間は、全知、叡智に満ちた大霊の神性理念の中において創造されたのであるから、彼は根源原理の子であり、あらゆる属性とあらゆる状態の支配権をもって生み出されたのである。

子とは、一体を意味するのであって、隷従を意味するのではない。この「子」は、完全に選択の自由を持ち、決して奴隷または操り人形であってはならない。

不死永遠の理念は、それを発出して実現させた中心の火の一部分たる閃光を、常に包蔵しているのである。この発出が、遂に人間の身体となった最初の細胞であり、常に存続して死すること無き生命の閃火である。

原始細胞こそ、すなわちキリスト（神我）である。

細胞は、幾百万回となく分裂を繰り返すが、この原始細胞中に植え込まれた聖霊の像を保持しており、人間の想念などによって歪まされることは有りえないのである。

かくして人は常に神性なのである。

原始細胞は、人間の想念によって歪められない限り、自己増殖によって造られた細胞全てに、その神性を投影する。これらの細胞が集合すると、最終的に自らのための容器、もしくは覆いの役割を担い、これが人体と呼ばれるものである。

しかし、霊すなわち本質は依然として自らは、不変のまま、その周囲に起こるすべての変化を見る叡智を有している。人は常にその本来の高き領域に立っている、大霊それ自身に他ならない。

大霊とは、すなわち神である。

神我たる、いと高き我がまさに現象人間自身の中に実存することに思いを致し、熟考し、かつそれを祝福しなければならない。

まず実相、神我が内在するという信仰がなければならない。

信仰はやがて知識となる。

次にこの内在の真我を祝福し、それに感謝するようにすれば、やがてそれは目に見える状態となって実現する。

まさに人間は神我そのものである。

これこそが、すべての知識を得る道である。

脳は他の細胞よりもさらに精妙な細胞群の集まりであるため、初めは、脳自身がすべてを覚知する本体のように見える。しかし、実はこれらの細胞たちは波動を受け取って、現象人間が覚知できるように、増幅するだけである。

やがてこれらの細胞群の中から幾つかが選ばれて、他の各器官に送られることになり、個々の細胞は神の秩序の中に在る限り、それぞれの所属すべき個々の器官に行く。

各器官や神経中枢は、「真の人間」に中央集権を与える座、あるいは特殊増幅中枢である。

それらが相調和し、整合していれば、人間は全支配力を持つようになる。

かくして彼は、聖霊、すなわち全知、叡智に満ちた大霊のすべてを発揮して、創造行為を営むのである。これが、魂と体が一つの焦点に統一された場合の像である。**いかなる人間でも、意識的にせよ、無意識にせよ、この中心にすべての才能を集中しない限り、何事も成就はできない。**

これが力の場、内なるキリスト、人が最高の存在として立つ場である。

ゆえに、人間が不調和や罪、病を致し方ないものとして扱わない限り（そう扱う以上、それは存在し続ける）、どうしてそのようなもので苦しむはずがあろうか。

もし人間自らが常に全知、叡智に満ちた大霊として立ち、それ以外のものを知ることがなければ、彼がそれ以下のものを意識することは有りえないのである。

この最高の理念を常に、明澄なる水にも比すべき賢明なる思考の中に保持しておれば、彼は神となる。

彼が常にこの内なる声から答えを得ることは確実である。

意志の後ろには、欲望が立っている。

意志はその本来の状態のままでは、何の色もついていない純粋な力であって、欲望に

よってはじめて働き出す。

もしなんの色も方向も与えられなければ、意志は働かない。

意志の力に調和して、欲望を与えれば、直ちに飛び上がるが如くにも働きだし、その命令を完遂するために、多くのものを招集する。

その際唯一つの条件は、その命令が、神の秩序にあるということである。

さまざまな無数の世界がある。

そのいずれも想念という唯一つの源から出現している。

それを支配する法則は歪むことなき秩序である。

これらの世界の生物たちは皆選択の自由を持つ。

ゆえに、彼らのみが不調和をも創り出し得るのである。

しかし不調和それ自身は、苦痛であり、悲しみであり、憎悪であり、恐れである。

これらは、自由を持つ彼らのみが創り出しうるのである。

大原理は、黄金色として現れる。

それは、遠くにあるのではなく、人間自身の中に在る。

常にその光の中に自分自身を置け。

そうすれば、すべての物事が明瞭に見えるようになるであろう。

第一に、全身全霊をもって次の一事を知れ。

すなわち、汝の想念はさまざまな世界を生み出した根源の想念と本来一つであることを。

不調和の闇とその産物である人類の悲惨の中から、平和の秩序が起こらなければならない。

人間が、それ自身全き美、全き力、全き安らぎである想念と一体であることをいったん学び知ったら、何人《なんぴと》も彼からそのハートの望みを奪い取ることができないのを知るであろう。

彼は大いなる光の中に在って、神我に属するものを、自分自身に惹き寄せるであろう。

我が子よ、汝の欲する像、すなわち真理のみを心に過《よぎ》らせせよ。

汝の深奥の望みについて瞑想せよ。

そうすることは、何人をも害せず、しかも高貴なるものであることを知るがよい。

そうすれば、その望みはこの地上に於いて実現して、汝のものとなる。

これが汝の深奥の望みを実現する法則である。

稲妻を兄弟に引こうとしてその手を出す者よ。
稲妻はまず汝自身の塊と肉を過ることを思い出すがよい。

――

これらの石板をなお一層よく調査してみれば、実は、原版を保存するために創られた前代の書板の写しであるということになるかもしれません。

もし写しということになれば、それは初期のインド・アーリア時代に造られていたに違いありません。

もっとも、今日知られている限りでは、このようなものは現存しません。いずれにせよ、その源泉は「一者」以外にあり得るはずはありません。その故にこそ、それは歌詞の形式で、幾千回ともなく繰り返され得たのです。

おお人間よ、汝の王冠はそも何処、
そは久遠より伝わりゆく。
汝の魂はそも何処、
無限のみよりぞ、そは。

永遠にまた、永遠に生い育ちゆく
これが、汝のために選ばれた道なり。

その一つ一つが王の身代金にも値する石文4枚に、私たちは思いがけず出会い、私たちの眼前にそれが安置されているのです。

第11章

思念の交流／魂と魂が語り合う「アートマー」という伝達方法

現在成就したもの以外、未来を形成するものはない

話が本論から逸脱してしまったことを、読者はきっと許してくれると信じています。遥かなる遠き古代にいくつかの文明が存在していたこと、その芸術、文明およびそれらを極めて高度なものにした思想や原動力等を直接に物語っている記録が、多くの場所で広範囲にわたって発見されたのですが、その場所のうちごく一部をできるだけ簡明に読者に示すためには、このような逸脱が必要と思われたのです。

ところで、今なお、これらの高度の進化を成し遂げている人々のグループが少数ながら存在しています。彼らはその業績によって、ある程度人類を導く松明《たいまつ》となっています。こうして人類は、文明進化の過程において、さらに高き地点に向かって進んで行くのです。その反面、迷妄の中にある人々も少数あり、彼らの迷妄が大多数の受け容れるところとなって再び大衆を圧倒し、長期にわたって大衆を忘却の中に押し流していくかどうかは、これから決まることです。

現在が将来のすべてを握っているというのが、私たちのビジョンです。

現在成就したもの以外に、未来を形成するものはありません。

こうして人類には、一本の道があるのみです。

すなわち、現在を完全なるものとすれば、未来もまた必然的に完全となるということです。**完全な未来は、現在完成し得るものを将来完成されるまで延期することではなく、現在を意識的に完全にすることによって実現するのです。**

何処に行っても、現在を完全に生きた人々がいるものです。

彼らの場合、全未来は現在成し遂げたことと完全に一致したのであって、未来がそれ以外の方向を取ることは有りえなかったのです。

「未来のことを思い煩《わず》うこと無かれ」という教訓は、ここから生まれのです。

これらの人々の教えは皆、「現在を真実に生きよ。未来は現在あるが如し」ということに尽きます。

彼らの民話、歌、祈りには、この考え方が描かれています。

チベット人たちが非常に気軽に加わる悪魔踊りも、もとはと言えば、このような彼らの民族的な観念や意識を破壊したことのある悪者を脅かして祓《はら》うことから始まったのです。

そのうち、ただの慣習になり、ただの悪霊祓いの儀式に退行してしまいました。彼らは低級霊のみに夢中になり、すべてを包容する大霊を忘れてしまったのです。

このことは、一つの種族や一つの宗教だけに限らず、すべての種族、すべての宗教についても言えることです。

一番最初の踊りは、美と純粋を至高のものとして完全に描いたものであり、悪が入り込んで取って代わる隙《すき》は微塵《みじん》もありませんでした。

私たちは、「砂の海」（ゴビ砂漠）からきた妖怪物語を調べてみました。

ゴビ砂漠には、奇妙な声の聞こえる地域が多く、私たちも自分の名前を呼ぶ声を幾度も聞いています。まるで大勢の人間がすぐ傍にでも立っているようなガヤガヤという声も聞きました。また、甘く美しい声で歌っている歌と共に、さまざまな楽器の音も聞きました、たくさんの蜃気楼《しんきろう》を見、移動する砂の音も聞きました。

これは砂漠の上空をある距離まで上ると、空気の層が極めて澄明となっていて、時として条件がすべて揃《そろ》うと、それが反響板となり、地上で発出した波動を反響させているからだと、私たちは確信しています。

つまり空気の層がちょうど蜃気楼の場合のように、これらの波動をいったん受けてから反射する反響板の役割をするわけです。

ラマ僧とヨーガ行者の違い

私たちは仕事に夢中になっていたので、時間はまるで羽が生えているみたいに飛んでいきました。老ラマ僧の指揮の下、私たちは写しを取ったり、たくさんの石板やその他の記録の図面を調べたりしました。

やがて、私たちの出発の朝がカラリと明け渡り、シガツェへ向かう出発の用意は万端整いました。

ダライ・ラマ宮殿内の人々には全員挨拶を済ませておきました。

街路は人々で一杯で、彼らはそれほどまでに熱心に、別れを言いに来てくれたのです。至る所でさよならと手を振ってくれ、また、私たちの安全のための祈りも捧げられました。

一団の使者が、いくつかの長い竿《さお》に祈禱《きとう》本を取り付けて祈りながら、数キロも先行しますし、50人もの人々がプラフマプトラ河上流のシガツェまで同行してくれました。

チベット第二の都会であるこの町に近づくにつれて、町から約1・6キロ離れたところにあるタシ・ルンポ僧院が見えてきました。

この僧院から派遣された代表団が約5キロ先まで出迎えに来て、僧院の賓客として滞在するようにと招待してくれました。私たちは、会う人毎に温かい歓迎を受けました。僧院に入ると、何か大いなるものがあるかのごとき静けさと平和が各広間に満ち溢れているのが、即座に感じられました。ドルマ湖とサンラワールへと旅発つ前の休息所としては、ここはまさに理想的な場所です。実は私たちとしても、この僧院の記録をゆっくり調べたかったのです。

一方、ポーラ・タット・サンガ寺院（訳者注＝原文がチベット語なのかサンスクリット語なのか不明なので、ポラかポーラかは定かでない）のバガヴァンジー師に会う手配もすでにしてあったので、先を急ぎたい思いもありました。

ラマ僧たちとの夕食が済むと、私たちは多くの美しい寺院について語り合い、そのうち話がおのずと各宗教上の信条の相違に移りました。

非常に年を取った一人のラマ僧がこう語りました。

「ラマ僧とヨーガ行者とでは、信仰を同じくするわけにはいきません。ヨーガ行者たちは、教えを垂れる人がたとえどんなに偉い人であっても、その人の教えが最終のものだとは信じないのです。

彼らはすべての知識は自分自身に内在するものであって、人間は皆それを獲得できると解釈しています。しかし、ラマ僧は仏陀だけを信奉します。

人間は十中八九までは、各々自分自身の中にある大いなるものを開顕し、実現するでしょう。キリスト教徒はキリスト意識に、仏教徒は仏陀の悟境に到達し、その他の宗教においても、それぞれ同様なことでしょう。

すべてがそれぞれの神を信奉しています。そして、至る所で神は人をその像に似せて創り給うたと聞かされています。すべての国々、すべての国民は、それぞれ異なった自分たちなりの神々を奉じています。

火の神を奉ずるものもあれば、収穫の神を崇めるものもあるといった按配です。

めいめいが他の同胞よりも良き神を奉じているつもりでいます。こうしてあちらでもこちらでも、めいめいの神を奉っている以上、どうして私に神が自らに似せて人を創ったと理解できますか？　むしろ私としては、人間各自が、彼自身の人間自身の像に似せて神を造ったと言いたい」

思念伝達《テレパシー》という特殊な能力を持っているラマ僧たち

一グループの僧たちの先頭に、放浪ラマ僧と呼ばれる6人のラマ僧が居るのに気づきました。この人々は、財布も頭陀袋《ずだぶくろ》も持たずに、あちこち歩き回るのです。彼らは決して物乞いせず、施しも乞わず、何人からも食料も金銭も受け取りません。いつもお互いに連携を保ち、僧院にいる6名とも連携を保っています。

この僧団には、三つの分団があって、各分団ごとに一人の分団長がおり、責任者は僧院の6人も入れて、合計9人となっています。

この三人の分団長は、離れ離れになって、別々の土地にいる場合もあります。分団員は外出しても、めいめいが分団長と直接に連絡し、分団長はまた僧員6人と連絡を取ります。

彼らが意思疎通に用いる方法は、適当な言葉がないので、思念伝達《テレパシー》ですが、それは他の伝達方法に比べると遥かに精妙であり、遥かに明確です。

彼らはそれをアートマーと呼び、元来魂という意味ですが、何らの媒介手段も要せず、魂と魂が語り合うのです。私たちは、このようなラマ僧6人に会ったわけで、その翌日彼らと昼食を共にしました。

老ラマ僧は、私たちの仕事が済んだら、ポーラ・タット・サンガ寺院まで同行したいと言いました。彼はもともと私たちの案内と通訳をしている弁尼の友人なので、その申し出を受けることにしました。このラマ僧も弁尼も、あらゆる方法で記録書類のことで、私たちを援助してくれたのです。

このラマ僧が会話の途中で、何気なくこう言ったものです。

「昨年の夏、あなたがたと別れた二人のお仲間は、今日の1時30分にカルカッタに着きます。もしその方たちと連絡したければできますよ」

そこで隊長は、彼ら宛てに、直接ダージリンへ行って、ある用務の処理に対処し、私たち一行が8月24日に到着するのを待つよう指示した一筆をしたため、日付を書き入れて、別にその写しを取っておいてから、原文の方をラマ僧に渡しました。ラマ僧はそれを読むと、注意深く折りたたんでから、捨ててしまいました。

この同僚たちは、8月24日にダージリンで私たちを迎えたのですが、彼らがカルカッタ到着後20分も経たない内に、彼らの手にことづけが手渡されたそうで、24日に私たちが会ったときに、それを見せてくれました。

彼らは私たちがこの人に伝言を托して予めダージリンによこしたものと思っていました。これらのラマ僧たちには、このような特殊な能力を持っている人もいるという具体的証拠を私たちは得たわけですが、このような能力をある方向に伸ばすことができるのであれば、あらゆる方向に伸ばしえない道理はないわけです。

「岩にはめ込まれた宝石」ポーラ・タット・サンガ寺院へ

今頃の季節には、たくさんの人がポーラ・タット・サンガ寺院に集まると考えられるので、私たちは、できるだけ早くそこへ行きたかったのです。そのためにも、今は非常に最適な時期です。私たちは、ギャンツェ経由で行ったのですが、通称「笑い弟子（laughing chela)」として、非常に良い弟子が見つかるはずだと言われました。

その男の笑いと歌は、本人や同僚たちを元気づけて多くの難所を越えさせ、また歌で多くの人々を癒したとも言います。

ラマ寺院の構内に入ると、非常に立派な姿勢の良い一人の男性が、私たちに心からの歓迎を示しながら近づいてきて、この村に私たちが滞在するうちは、この僧院を住処《すみか》にしてくれるものと期待しています、と言ってくれました。

私たちは、午前中にファリ峠に強行したいと、その男性に伝えました。

「ええ、あなた方がポーラ・タット・サンガへ行く途中であることは知っています。私も午前中にそちらへ戻ります。お望みならば、喜んで同行しましょう」

その申し出を私たちは、受けることにしました。彼は嬉しくてたまらない様子で笑いながら、僧院の大きなホールの中にある宿所に案内してくれました。

私たちを寛《くつろ》がせると、お休みの挨拶をし、朝早くまたお目にかかりましょう、と言って出て行きました。彼は歩きながらも、調子の整った心地よい声で歌を歌いました。彼が笑い弟子だったのです。

翌日の朝早く、朝食の準備ができたことを知らせる彼の歌で、一同は目が覚めました。

私たちはラマ僧たちに別れを告げ、彼らの祝福を受けました。

ファリ峠越えの準備はすべて整っていました。そのお蔭で、ファリとカン・ラのいくつかの峰も越えることができました。

全体としては、困難な山登りでしたが、難所にさしかかると、例の弟子が笑いながら歌って先頭に立ちました。難所であればあるほど、彼の歌声は高鳴り、そのお蔭で、難所も何の苦もなく飛び越えられる気がしました。こうして午後3時には、峠の頂上に到着しました。

驚いたことには、どうせ私たちの眼前には、険しい山々が聳《そび》えているものと思いきや、実に美しい谷が広がっていたのです。

この谷はチュビと名付けられ、海抜4900mにもかかわらず、谷の両側は緑豊かな森で囲まれています。前方には幾つもの美しい寺院のある村々が見えました。

私たちは、谷を通らずに、タチ・チョ・ジョン経由の近道を通って、ポーラ・タット・サンガへ向かうことにしました。この山道にしても、いざ通ってみると、案外歩きやすいものでした。

そう遠くへも進まない内に、小河で囲まれた美しい森に入って行き、さえずる鳥や野禽《やきん》をたくさん見かけました。

次の休憩場所はマハ・ムニでした。要塞を思わせるその寺院は、私たちの興味をそそりました。

例によって、ここでも温かい歓迎を受けました。しかし、係の人々は、プリジ師が、ヨーガ行者や修行僧や導師たちが大勢集まってきているポーラ・タット・サンガ寺院に行って留守であり、私たちの今度の旅行の最終日には、立派な方々の仲間入りをするだろうから、長期の滞在をお願いしても無駄でしょう、と言いました。

翌日は朝早くから巡礼隊が集まりました。

いずれもブリジ大師との会合の約束を守るために、先を急ぐ人々です。そのうえ、みんなポーラ・タット・サンガ寺院を、他の誰よりも、一番先に見たがっています。彼らの表現を借りれば、この寺院は、「岩にはめ込まれた宝石」であり、世界の寺院の中でも、一番高い所にあるそうです。

「かかる大いなる宝石、まさに眼前にその姿を現さんとするに、かかる大いなる宝、眼前にその姿を現したるに、我らいたずらにマハ・ムニにとどまり得るやマハ・ムニにとどまりたるや」と、歌の弟子は歌っています。

「否々、さらばマハ・ムニよ、我ら汝を愛す。やがてまた、汝の優しき抱擁の下に帰らん。ポーラ・タット・サンガへの旅の魅力には抗《あらが》えず」

こうして、一行は、馬に乗って出発しました。大エベレストが、迫りくる暁の光の中に、純粋な水晶の白い衣を纏《まと》い、厳しく眼前に聳え立っています。

あたかも、2、3歩進んで手を伸ばし、衣の裾《すそ》に触れてみよ、と招いているかのようです。しかし、実際に数歩進んでみても、この巨大な塊は私たちから逃れ、いまだ離れたままなのです。私たちが越えてきた近隣の山、7300mのチョモハリも、この眼前の怪物と比べてしまうと、小人としか思えません。

その両側にある小道は、石だらけの危険なものに違いないと恐れていたのですが、今すでに私たちは、その大部分を四つん這《ば》いしながら、乗り越えたのです。

例の弟子の歌と笑いは、依然として、私たちを、翼に乗るかのように前へ前へと進めていきます。夢中になっているうちに、いつしか、数々の危険も忘れてしまいました。さすがの難所も、瞬時にして征服し尽くしたかのようでした。

やがて太陽が出ると、一またぎさえすれば大エベレストに触れるかと思った幻覚も解消し、それとともに雄大な景観が繰り広げられました。その美しさは、いかなる言葉で叙述してみても、しょせん、戯画にしかなりません。見渡せば、東西南北に、水晶を頂いた数々の自然の堂塔伽藍が連なっています。

しかし、エベレストは、かの大エベレストは、私たちの目の前に聳え立っているのです。月明かりの中に安らぎ、やがて暁闇の蕾《つぼみ》を開く初光を受け、昇る旭日の光条による接吻《せっぷん》をその美しき額に受け、真昼になれば、太陽は爛々《らんらん》とその上に照りつけ、やがて陽光傾くと共に光は褪《あ》せ、夜の別れを告げつつも、最後の光を燦然と浴びせれば、それに応えるかのように、その大いなる山頂は、天に向かって、余光を放ちます。

こうして、時と共に移り変わる大エベレストの姿を、私たちはこの目でしかと見たのです。

読者の方々は、この日私たちが、この山道の長さを感じず、困難をも覚えなかった理由がお判りでしょう。それらすべては、瞬時のうちに過ぎ去ってしまったのです。

数々の寺院から常に発せられているパワーと平和と調和の波動にも、また旅人をしてこれらの山々を急行させる力にも与《あずか》ったのです。

ヒマラヤ山脈が、何らの危惧をも人に抱かせないのが、皆さんには、不思議に思われるでしょうか。詩人たちが、その大いなる美しさを詠い続けて倦《う》まないのが、訝《いぶか》しく思われるでしょうか。

遂に夜に至って、小道をことごとく踏破し、私たちは相当広いテーブルのような平たい岩の上に、喘《あえ》ぎながらも、立つことができたのです。

眼前、遥か彼方に多くの寺院が臨まれます。

しかし、かの宝石ポーラ・タット・サンガは、めくるめく光を浴びつつもなお、606

m頭上に聳《そび》え立っています。それはあたかも直立する岩壁のくぼみに置かれた一個の大アーク灯にも似て、周辺の岩と寺院の群れを照らしています。

私たちの立っている岩の上には、半円型の劇場があり、そこに男女の群衆が集っています。女性がこの参詣隊に参加を禁じられなかったのは、驚きでした。希望者は誰でもすべて参加できるのです。

一瞬で岩の上へ移動する

ここには、偉大なるリシ（賢者）が住んでいたことがあります。リシ・ニリもこの道を通って行きました。5人の聖兄弟も3度この道を越えました。一度は彼らだけで、また一度は彼らの母君と、もう一度は、女性であることの誇り、気高さの象徴である、偉大でかつ優しきダルパティと共に越えたのです。

その土地に今、偉大にして純粋、しかも謙遜深いヨーガ行者・サンティ師が、深い三昧《さんまい》に入って座っています。

「この偉い方々は、一体どうやって住処や食物を得るのだろう」。それとなく、私は訊ねてみました。

「食物や住処のことなど気にしなくていいですよ。みんなの食物や住処や衣服などは、豊富にありますから」と、笑い弟子が答えました。

「みなさん、お座りください」

笑い弟子の非常に甘美な声がし、一同が座るか座らないかのうちに、栄養豊かな温かい食事の入った大きなボウルが現れ出ました。

サンティ師が立ち上がり、弟子や他の人たちの介添えで食物を廻し始めました。やがて空腹がおさまると、一同は立ってそれぞれ固まり、近隣のいくつかの寺院で夜を過ごすために案内されていきました。

弟子が私たちを案内していく寺院は、今私たちのいる場所より23m も上にある切り立ったテーブルの様な岩棚の上にありました。

近づいてみると、1本の長い竿があるのに気づきました。根もとは、私たちが立っている岩の上に立ち、てっぺんは上の棚のような岩についています。どうやらこれだけが、唯一の交通機関の様です。

私たちは、根もとの方に集まって上を見上げました。そうしているうちに、他のグループもやって来て、合流しました。手前から1番目の岩棚の真上には、また岩棚がいくつかあって、その間にできたくぼみに幾つかの寺院があります。私たちが今夜そこに宿泊できるかどうかは、どうやらこの棒を昇り降りできるかどうかにかかっているようです。そのとき、笑い弟子が言いました。

「急ぐことはありません」

そして、爆発するように、彼の歌がほとばしり出ました。

「おお敬愛する師よ、我ら御身を通じ、祝福されたる今宵《こよい》の宿を求む」

その瞬間、周りにいた一同は沈黙して、しばらくそのまま立っていました。

やがて彼らは次の言葉をダイナミックな力で声を揃えて発声しました。

「かくの如きが神の力なり、オーム」

この時、一同は上の岩に立っていました。

私たちは、他の人々と共にめいめいの寺院に向かって行きました。割り当てられた寺院に着いてみると、疲れは跡形もなく消え去っています。

その夜は、まるで赤ん坊のように熟睡しました。あのグループの方々の放射する目に見えない力は、向けようによっては山々さえも平坦にしてしまうように思われました。

第12章

肉体の浮揚と真理／山をも動かす「聖音A－U－M」の力

昨晩はなかった階段が現れる／眼前にした夢の物質化現象

翌日の午前4時、私たちは、笑い弟子の大きな澄み通った歌声で目を覚ましました。

「自然は今、目覚める。ゆえに自然の子らも、また目覚めよ。新しき一日の朝は、今、明け放たれていく。一日の自由は、汝を待つ。オーム」

前日の晩まで1本の長い竿がついていた岩棚に行ってみたところ、驚いたことに、いつの間にか立派な階段がついているではありませんか。その階段を降りて行くと、昨夜は夢でも見ていたのかと、訝しくてなりませんでした。

階段の下で歌の弟子に会うと、彼曰く、

「いえ、あなたがたが夢を見ていたのではありません。実は、昨夜そこに階段の夢が描かれたのです。つまり、プリジ師が皆の便宜を図るために、そこに階段をつけたのです。それは、夢が実現したものなのです」

2週間の間、この土地に滞在中、私たちはずっと温かい栄養のある食事を頂いてきましたが、食事の支度を見たことは、ただの一度もないのに、豊かな饗応《きょうおう》に与《あずか》ってきたのでした。

笑い弟子ともう一人の仲間が、ポーラ・タット・サンガを登り始めました。

まず初めは、幾つもの岩に刻み込まれた原始的な階段を上り、次に裂け目に渡された厚い板を渡るのですが、その下は深い峡谷がパックリと口を開いています。また、一部では、上の割れ目にしっかり結びつけてある何本かの綱を頼りに登って行きました。

二人で2時間もかかったというのに、たどり着いたのが、出発点からおよそ150m上の2番目の岩棚でしかないので、もうこの先は諦める他ないと思いました。

それでもためらっていると、サンティ師が二人の難儀に気づき、

「降りてきたらよいじゃないか」と声をかけました。

「そうしようとしているんですが、岩で閊《つか》えているんです」、と弟子は答えました。

この二人は、ここで昇り降りにたくさんの経験を積んでいるので、途中で降りるよりは、いったん真直ぐな岩壁を登ってから降りる方がやり易いことを知っています。

「それじゃ、そこにいるんだな」と、師はからかうように言いました。

「明日食べ物を持って戻ってくるからね。たぶんそれまでには、てっぺんに着けるだろうよ」

それでも二人が困難な立場にあるのを知っているので、落ち着いて、絶対に動揺しないようにとアドバイスしました。

3時間も注意深くあれこれと指図があったあと、ようやく彼らはまた、私たちに合流しました。師は、

「こんなふうにして、青年時代の情熱は擦り減っていくものだ」

と、溜息まじりにつぶやきました。

この青年たちは、憧れるように上を見上げて、

「プリジ大師が上にご滞在とすれば、我々が下にいるとは、運が悪かったなあ。何しろあの道ではねえ」

「心配する必要はない。君ら自身よりも、高き者が引き受けて下さるだろう。まあ、休息していなさい。君らの滑り出しは、大変良かったんだから」と、サンティ師が答えました。

「一体、いつになったらプリジ大師にお目にかかれるのだろう」と皆が聞くと、「今晩」と師は答えました。ポーラ・タット・サンガ寺院を、どうやってあの場所に建てたのだろうかと、私たちは不思議でなりませんでした。

ゴータマ仏陀は肉体浮揚によって遥か遠い土地を訪れていた

やがてプリジ大師が来て、夕食中、私たちと共に語り合いました。

翌日午後4時、寺院の下に、一同が集まりました。サンティ師は三昧に入りました。一行のうち三人が1枚の大きな平たい岩のところに歩いて行き、祈りでも捧げるようにして座りました。しばらくすると、その岩がひとりでに登り始め、そのまま一同は上の寺院に運ばれました。

それから、サンティ師が弟子と他の二人に、「準備はいいか?」と聞くと、「はい」と3人が真剣に答えて、寺院の傍の岩に座りました。

その瞬間、岩は静かに動きだし、一同は寺院の屋根に運ばれました。

次は私たちの番です。私たちの場合は、かたまって立っているように言われたので、皆立ち上がりました。すると寺院の人々が屋根にやって来て、オーム(訳者注=AUMの3つの音節なのでアウムとなるが、通常オームと表記したり、発音したりすることが多い)を唱え始めました。

唱和が始まったかと思うと、私たちはもう寺院の屋根の上に立っていました。こうして、数分の間に皆、世界でも最高の伽藍の上に揃ったのです。

私たちが席に着くと、プリジ師は語り始めました。

「皆さんの中には、肉体浮揚を見たことのない人も何人かいて、不思議がっています。しかし、本当は何の不思議もないのであって、それはもともと人間に備わっている力なのです。我々はそれを昔から、ヨーガの叡智として崇めています。多くの人々が過去においてその力を使用しましたし、それを奇跡と思う者は、一人もいませんでした。

ゴータマ仏陀は、肉体浮揚によって、遠い土地を数多く訪れたものです。この肉体浮揚を成し遂げられた方々を、幾千人となく私自身も見てきました。

これ以上の力が実在する偉大な証拠もあるのです。この力を完全に支配すれば、山を動かすにも用い得るほど、抵抗できない大いなる力となる証拠を、あなた方もいずれ見ることになるでしょう。

あなたがたは束縛と恐怖からの解放、自由をたたえ、賛美します。しかし、束縛を忘れ去り、許してしまわない限り、束縛が心の中に滲《し》みついていることになり、自由は忘れられているのです。純粋ヨーガの法は全世界人の完全なる解脱のメッセージです」

形無き実在「霊」から発せられる不滅の力――アウム

「まず、A－U－Mについて説明するとしましょう。

英語では、OMという簡単な形が使われていますが、ヒンドゥスターニー語の正しい語法では、A－U－Mと言います。ゆえに、この方法から考えることにしましょう。

Aは、喉音です。それを発音してみると、咽喉から出るのが判ります。

Uを、発音するためには、唇を突き出さなければなりません。

Mは、唇を押さえ合わせて、蜂の羽音のような共鳴音を出すことに気づきます。

こうして聖音A－U－Mは、基本的、包括的、全包容的かつ無限であることが、判るでしょう。

その音域は、あらゆる名前と形態を含みます。

形あるものがいずれは滅びることはご存じの通りです。

しかし、形が現される以前の形無きもの、あるいは実在的なもの、すなわち霊と名付けられるものは、不滅です。この理由によって、我々は、この不滅の実在、アウムを発するのです。そのために、教師はその弟子たちに、「タット・トゥヴァム・アスィ」(訳者注＝英文では Tattoo-manu-asi となっているが、元のサンスクリットは Tat tvam asi と考えられる)と、教えます。

弟子たちが、深い瞑想と絶対的真理を通して理解が深まるようになると、『ソー・ハム』とだけ答えます。それは、教師が生徒に『汝は神なり』と言うと、生徒は、『我はそれなり』と、答えるという意味です。

今度は、生徒が自分の神性、すなわち、ス・ハムを理解したときに述べることや、答えをもっと深く調べてみましょう。

このス・ハムは、二つの子音と三つの母音から成っています。二つの子音とは、s、h、三つの母音とは、a、uと、中間音節のmです。

子音は元来、母音と結びつかなければ、発音はできません。

従って、音の領域では、子音は滅びるものを表し、母音は不滅のものを表します。

従ってまた、sとhは、滅びるものに繋がります。

A－U－Mは、アウムという永遠なるものを形成します。

おお、真理の探究者よ、アウムは偉大なる神である。

賢者たちは、アウムの支持によって、その目的を達成する。

アウムの第一部『A』について瞑想する者は、目覚めている状態で、神について瞑想することになります。第二部、すなわち中間の状態の『U』について瞑想するものは、内界を瞥見《べっけん》することを得て大霊となります。第三部『M』について思索する者は、己自身を神と観じ、光を得て直ちに自由となります。

アウムすなわち至神我について思索する者は、すべてを包蔵します。

わたしは今、遥かに光の大白色宇宙に見入っている。

そこに今、この上なく純粋なる光の簡素なガウンを纏い、純粋な慈愛の光をその顔から放ちつつ立っている姿が見える。

その姿の周囲から声が聞こえる。その声は、『汝は久遠の久遠なり』と語っている。

その姿が次第に近づいて来る。再び声がする。

『この日この時、始めなく終わりなき全人類の霊的指導者たる聖職を汝に授ける』と。

その姿は純粋なる光の無数の放射の中心である。

このことは、全人類が等しくその源を神に発することを示す。

これは僧団あるいは同胞団だけの象徴ではなく、同胞団の始まる以前の純粋なる人類の象徴である。

この純粋人間の状態は、未だかつて語られたことはない。

これは、地球がその大いなる星雲の中に入る遥か以前、この地球がその軌道を要求し、地球に属するものを引き寄せる遥か以前のものである。

これは、星雲の原子を結合して地球を形成し始める力のすべてを、完全に支配することになっている原始人間の形態の投影である。

よく聞くがよい。この姿の周囲の声がこう響いている。『光あれ』と。

それは命令である。この命令と共に、目も眩《くら》む幾つもの白光線が迸《ほとばし》り出て、その方がそれらをある焦点に引き寄せると、地球の星雲が爆発するように、実現する。

この焦点が星雲の中心太陽である。

中心の核がその原子を引き寄せるにつれて、いよいよ光を増す。この形の背後に意識的に指揮するものがあり、これが無数の光線を焦点に放っている。

今、その方が語っている。

私たちは、その言葉を聞く。それは、純黄金色の、光の文字で綴られていて、私には、それが読める。

すなわち、『おお地球よ、我、汝を見守らんがために、光の大宇宙より来れるなり。汝のものなる粒子を、汝に引き寄せよ。あらゆる粒子に、久遠の生命なる光、父なる大生命原理に属する光を放射せよ。我、汝に告ぐ。我はI AM（神我）なり』

この方の招くのが見える。今やその方と共に他の方々が立っている。光の中より、一人の方が語る。

『父なる神、すなわち光宇宙よりいずる最愛の者は誰ぞ』

周りから低い囁くような調子で、再び声が響く。

『そは支配せんがために形を現したる我自身なり。そは我支配力を有するが故なり。我、自らを通じて、我が支配力は現れるなり』

観よ、その方はクリシュナ、クリストス、キリストの三者一体である。その方は、再び語り、かつ答える。

『我はI AMなり。汝らすべても、That I AM（我即ちそれ）なり』

声はなお続く。『我が先の彼方を見よ。神の声、我を通じて語り給う。我は神なり。而して汝は神なり。あらゆる魂は、その始原の純なる像に於いて神なり』。黙せる観者たちは、その方を通して響く声を聞いて曰く、『見よ、人は神なり。神のキリスト、再び大宇宙より出現する』と。

これは、気分で言っているのでもなければ、何かに酔って言っているのでもない。それは、完全な支配権と主たる資格をもって神より出でし人間の明確、冷静なるビジョンなのである。全人類の持つ主たる資格である。何人たりともそれより除外されるものはない。その姿の背後には、純粋な水晶の如き、眩いばかりの白光がある。

それは純白光から出て来た。それはまた、純白光でできている故に、人間は純白光そのものである。

純白光とは、神の生命である。神の生命の純白光線は、人間を通じてのみ発光、あるいは顕現するのである。

我々の理想を、瞑想によって固定し、一点に集めたとき、ビジョンが生命を得て現れ、次第に具体化に近づき、遂にビジョンが形態と結びついて、我々自身となり、我々と一つになる。

そのとき我々は、『それ（THAT）』となる。こうして私たちは全人類に、『私はあなた自身であり、ともに神を顕わしている』というのである。

母親が懐妊するとき、この真理を知れば、無原罪懐妊が起きる。しかるとき、人は、もはや生まれ変わることはなくなる。これが男女両性である。男性にして女性なるものが神なのである。

それが、全人類の真の神である。それがアートマーであり、男女両性を含む最高霊である。女性の真の領域は、神の似姿と共存し、それと同格である『一者』が、男女双方の性の理念である。二つが一緒になってダルパティ、すなわち母性の誇り、女性の理想であり、協力者兼配偶者として出現した、人類の永遠なるものである。

それは人間の歴史の背景の中で、幾度となく孤立せざるを得なかったが、神の宇宙計画全体の中では、究極において一体となるべく定められているのである」

無原罪懐妊／生まれ変わる必要のない誕生の形

「女性は、その本来の領域においてはキリストなる子を育てて世界に出すために、自分自身の身体を生誕の祭壇に捧げる役目を担う。これこそが、本当の無原罪懐妊である。母が正しい思いと言葉と行いの中にあるとき、その子は決して伝統的キリスト教徒の言うような罪の中に懐妊し、不義の中に生まれたことにはならない。

生まれいずる子は、あくまでも純粋、神聖、かつ神によって懐妊し、神によって生まれたる神の肖像、すなわち神のキリスト・神人なのである。

このような子は、決して生まれ変わる必要はない。

しかるに、この物質世界に生まれたるために、年長者や親たちの罪や不調和という肉の思いが滲《し》み込んだのだというのは、肉の考え方であって、そういう考え方のみが生まれ変わりを必要とするのである。

女性が普遍のキリスト、すなわち神の子を自分の胎内から出現させるとき、彼女自身がキリスト（神人）であるだけでなく、彼女の子もキリスト（神人）その者であり、かつイエスに似たものとなる。その時、彼女は他ならぬ神のキリストと対面したことになるのである。

女（wo-man）すなわち男性と女性を結びつけるもの。言い換えれば男性と女性を一緒にする者が、その真実に定める声を出すとき、彼女の穢《けが》れ無き身体は、かの穢れ無きもの、すなわち普遍のキリストなる子を懐妊する準備が整ったことになる。このような身体（女性の実相）は、宇宙創成にあたって、神が現象界に世界を投影して形成する遥か以前に、女性のために準備され、投影されていたのである」

プリジ師の話は終わりました。

師は私たちを、多くのヨーガ行者たちが座したまま三昧に入っている大きな洞窟の中へ誘ってくれました。

私たちは師とこの洞窟の中で9日間過ごしました。

しかし、ヨーガ行者たちの多くは、ここで幾年となく過ごした後、この隠遁《いんとん》生活から出てくるときは、さまざまな不思議な業を人々の前で行うようになるそうです。

この集会が終わったあと、サンスラワール湖とムクティナート経由でインドへ帰る方が何名かいることを私たちは知りました。ムクティナートからなら、ダージリンまで非常に楽に行けるそうです。これはグッド・ニュースでした。この聖者方と一緒に旅ができるかと思うと、天にも昇る歓びでした。

私たちは、洞窟から洞窟へと訊ねて回り、多くのヨーガ行者やサドゥー（修行者）と話し合いましたが、驚いたことには、この人々の多くが、夏も冬もそこで暮らしているということでした。

雪には困らないかと聞いたところ、その付近には雪は全く降って来ず、嵐も霧もないそうです。

こうして時は、羽が生えたように過ぎ去り、いよいよ出発の前夜となりました。

第13章

艱難《かんなん》の克服方法／内在の神を目的とすれば、神がすべてを引き受けてくれる

プリジ師は語る／神は一人の神ではなく、全体の神なのである

出発の日の朝3時、町の人々は、笑い弟子の歌声で眠りから覚まされました。ところが、彼が一同にちょっと集まって欲しいというので、何かいつもとは違うことが起きると、私たちは感じました。

私たちが寺院から出たとき、ポーラ・タット・サンガ寺院から強烈な光がサッと輝き出て、辺りは一面、光の海となりました。笑い弟子は、寺院の一角に立ち、沈黙して瞑想に入るようにと言いました。数千の人の形が両手を挙げて立っているのが見えます。やがて、沈黙が、次の言葉で破られました。

「万歳、万歳、万歳、プリジ師が提唱し給う」

数千の声がこれに和し、それが反響してさらに数千の声となりました。朝の静けさに冴えて、その一語一語が、鮮明に聞き取れます。以下が、師の言葉です。

「ヒンドゥー教徒の神、モンゴル人の神、ユダヤ人の神、キリスト教の神というのがあり得るだろうか？

真実の普遍原理、指図者、始原、無限にして神聖なるものがある。

この原理の中心光を神という。

神は全てを包含しなければならないし、また、すべてを包み給う。

すべては神である。ゆえに神は一人の神ではなく、全体の神なのである。

我々が神について語るときは、全体のための、全体の中に、全体を貫いて、全体に属する一にして全なるものについて、語っているのである。

もしインド人が、その神に名前を付けて、この他に神はないというならば、彼の考え方は分離していることになる。もしモンゴル人が、自分の神に名前を付けて、その他に神はないというのであれば、彼の考えは分裂している。もしユダヤ人が、その神に命名して、その他に神なしと言うのなら、彼の考えは、バラバラである。もしクリスチャンが、彼の神に名前を付けて、他に神在らずとするなら、彼の考え方は破れている。

分裂した家は砕け倒れなければならない。

しかし、一体となれば、いつまでも存続する。

あなた方は、誰に仕えるのか、まずそれを決めるがよい。

分裂は失敗であり、死である。神なる父母原理による統一は、永遠の進歩、名誉、支配である。A―U―M、A―U―M、A―U―M」

このアウムの音は、全世界に反響するかと思われました。

ちょうど、寺院の鐘の様に、このアウムの木魂《こだま》が少なくとも10分は続いたでしょう。

やがて次第におさまると、一同は下の大きな岩の半円形の劇場に移って行くので、私たちも参加しました。

私たちが仲間と一緒に座ると、ヨーガ行者のサンティ師が、頭上に両手を挙げました。すると一同が一斉に、前のようにアウムを唱和しました。この時また、岩までが波動を発するかと思われました。これは、食事が終わるまで続きました。

私たちが立ち上がると、一同も立ったまま、しばらく沈黙しています。

やがて笑い弟子が唄いだしました。

「大師方よ、お別れします。大師方のいらっしゃる所から去って行きますが、私たちの最大の祝福を残して参ります。なにとぞ、再来のとき、歓迎を受ける光栄を得させてください。

去らんとして去りがたく、私たちの心と眼は、早や再来の日を待ち望んでおります。さようなら。聖なる方々よ、すべてのいと豊かなる祝福が大師方に下らんことを」

大師方からの返答が一人の声の様に返ってきました。

「愛する者たちよ、汝らとの空間が我々を引き離すと観ずるとも、我々は決して別れることはない。否、距離に引き離す力はない。

何となれば、神と汝ら自身は、あらゆる空間に遍満するが故である。

我々は、別れの言葉を述べる必要もない。そは、我々の汝らを常に目の当たりに見ているからである。

汝らは往くに非ず。来たるに非ず。汝らは常に此処に在る。

時間はなく、別離はなく、過ぎゆくこともない。現在はここに在る。

その故に未来もまた然り。我々はすべて共に神の中にある外にはない。ここより行くこと無くして此処へ来たれ。然らば汝らは、常に此処に在る」

この他、いくつかの最後の言葉が、私たちのところに流れ伝わってきたときには、私たちは、すでにかなり先まで進んでいました。私たちの足は去って行きますが、心はなおもそこに留まっていました。まさに別離はなく、この聖地から去ったとは、微塵《みじん》も思えません。笑い弟子は、一日中笑いかつ歌いました。最大の難所にさしかかると、彼の笑いと歌は、私たちを、言わば身体ごと引き揚げて越えさせてくれました。

その日の午後2時、静かなマハ・ムニに戻りましたが、宿泊はせずに前進しました。その日は16時間も旅を続け、112キロ以上も歩いてきたのに、疲労感がありませんでした。

こうしてサンスラワールまで行き、ここで湖に近い、美しい寺院に案内され、ヒマラヤ峠を突破する前に、一応そこで2日の休養をとることにしました。

ここは地上の楽園かと思われる程です。大きな山を背景にして、湖が宝石の如く輝き、周囲の木からは、鳥たちの囀《さえず》りが聞こえます。

一行の大部分は、此処に滞在することになり、私たちの方は、ヨーガ行者のサンティ師と共に、笑い弟子も加えて、ムクティナスまで足を延ばすことを望みました。

前々から、この峠が非常に難所であることを聞いていました。幾月もこの山道を歩いてきましたが、実際には困難という程のものには、ほとんど遭遇せず、そのうちに、程なくムクティナスに着いてしまいました。

ここで再び私たちは、エミール師と数名の友人たちの挨拶を受けました。

この再会の喜びは、どんな言葉をもってしても言い尽くせません。

なるほど私たちは、幾多の山河を越え、その間最大の厚遇と親切も受けました。しかし、この土地で初めて本当に我が家に帰ったという、ぞくぞくするまでの歓びを感じたのでした。

チベット人が重荷を背負いながら安々とエベレスト山を越えてしまうわけ

その夜、私たちの経験を若干物語ると、エミール師はこう言いました。

「チベット人が、6・4キロの高度において、その背中に重い荷物を背負いながらも、見たところ苦にもしていない理由が、あなたがたは、今判ったわけです。

エベレストに登る彼らの流儀が、判ったのです。

彼らは通称エベレスト山、すなわち『山々の神』の頂に行く場合、重荷という神を乗り越える、つまり重荷の上をいくように、この山という神の上を行くのです。

言い換えると、彼らは重荷を心の中で手放してしまう。すると、その重荷は存在しないことになります。人は真の神人の肩、ましてや体に、荷を負わせることはできません。

そこで、イエスの言われた次の言葉の真理が判るでしょう。

『疲れ、重荷を負う者はすべて私に来るがよい。私はあなたがたに休息を与えよう』

この、本当の言葉は、『実相・神我（I AM）が汝らに休息を与えん』だったのです。

あなたがたが実相・神我（I AM）の中に安らぐとき、あなたがたは、重荷という神から、休息であり、平和である本当の神に変わります。

重荷という神を乗り越えて、休息という父なる神のところに来たのです。その中では、もはや重荷を担ぎまわることはありません。父なる神とは、いかなる状態をも正しく考えて切り抜ける力のことです。神の意識の中には、ごみに住む哀れな虫けら、人間はありません。人間の側が虫けら意識を現しているだけです。一つの的を射当てようと思う場合は、全想念を的の中心に集中しなければなりません。また、意識を一点に集中して、的の他には、何ものも見てはなりません。その的を射当てたとき、人はある程度、神を実現成就したのです。

神とは、人の聖なる理念であって、すべての想念と行為の中心となる焦点です。神聖なる聖人、すなわち神のキリスト（神我）あるいは、『言葉となった肉』を現すのは、この方法によるのです。

神は肉の周囲にましします。同様に、肉は神です。ゆえにあなたがたの主観を客観にしなさい。積極的に、神原理と賢明なる協働者となりなさい。まっしぐらに、目的に向かって突き進むのです。聖なる霊的生命、すなわち内在の神を目的（神）とするのです。そうすれば、神がすべてを引き受け給います。

自分の全意志を完全に一点に集中し、想念を埃一つない鏡のようにしなさい。目的（神）のみを考えることをしないで、何事かを成就したものは、未だかつて一人もいません。

この想念のパワーそれ自身が神の働きをするもので、それは、意識を完全に目的（神）に集中することを要求するため、目的（神）が直ちに出てくるのです。

神が客観化した瞬間に、自分の欲する原型または在り方を提示すれば、それは完全に成就します。このことが、もし絶対的な事実でなければ、あなたがたは、自分の希望を考えたりしないだろうし、また、できるはずもありません。

このようにして希望を抱いたとき、それは神のものとなります。

いつも自分の神性を投影していれば、あなたがたの希望は、神の秩序の中に種子を宿したことになるのです。

それがいつ出てくるか言い当てるのも、完全にあなたがたの力で可能です。

あなたがたは、何時でも支配権を握っています。権威ある言葉を語る全権力を握っています。すべての外的物質にとって、あなたがたの命令は、『完全なる沈黙』です。

このことを知ったあなたがたは、今や明らかに次の通りに言うことができます。

『我が内なるキリストに勝る偉大な力はない。我、今やキリストから与えられたる言葉を発する。それは、すべてのものを直ちに実現、成就するのである。我がキリストから与えられたる言葉に勝る推進力はない。我、我が言葉を賛美し、祝福し、豊富と調和と完全をもって、この言葉を送る』と。

こうしてあなたがたは、自分の真の望みを表す言葉（神）を第一に発したのですから、二度と神に請願し直してはなりません（そうすると疑惑が生じる）。

ただ前進あるのみです。自分のしたことを思い出すのです。あなたがたは、すでにキリストの言葉を出したのです。あなたがたは支配権を握っているのです。

それは実相の世界においてすでに実現して完全なのです。それは、神の秩序の中に、あるのです。

『生命と光
豊かに満ちて捉われなく
完全、無限の富と力、
妨げるものなき自由を

我、神よ、汝に、感謝する』」

内在の神こそ、あらゆる教師の中の最大の教師

「独りでは何もできませんが、どんな人でも二人でその霊的力を合わせれば、世界を支配できることを思い起こすがよい。

この二人とは、すなわち、一つの目的に結びついた神とあなたです。

同じ目的に同じ真摯さで他の人たちまでが結びつくならば、あなたがたの力は、人数の2乗分よりも強くなる。こうして、一人ひとりが神と一つになり、あなた方と結びつくとき、力は4倍に増えるのです。

あなたがたの内の二人が、求めるものを同じくして神と結びつくならば、それが如何なるものであろうと、我が父なる神と一つである彼らのために、それは成し遂げられるのです。私の神があなたがたの神となり、私たちは一つになります。神と共にあれば、神と離れたものは征服されるのです。

私の神が、あなたがたの神となり、こうして私たちは、一体なのです。神と共にあれば、

神に相応しくないものは征服されます。

自分の密室（神我）に行き、他のすべてのものに対して戸を閉ざし、外なる目を閉じ、汝の真の神我を一筋に観なさい。今や、汝は静かに霊的受け身の態勢に入ったのである。

次のように祈りなさい。

『神なる原理が中心である。私は普遍的生命エネルギーと一体である。今やこのエネルギーが、私の中を流れつつある。私はそのことを知り、かつ感ずる。私にすべての物事を成就するパワーのあることを、我が父なる神に感謝する』。

普遍の生命エネルギーに直接接触している神我（I AM）をもって神に祈るとき、あなたがたは、このエネルギーを無限に使用しているのである。

神とは、叡智に満ちた霊に対して人が与えた名前なのです。

この霊は、人間の外にも、また中にも在ります。この神を、自分を通して外界に顕現させることが、あなた方にとって必要なのです。

従って、すべての知識の根源、すべての知識の真髄、真理が自分の中に潜在すると知った以上、外部から、知識や援助を求めることは不必要である。

神すなわち普遍霊が内在するのに、なぜ知識を外に求めるのでしょう？　このことを悟得したとき、あなた方が何か一つのことを成し遂げようとする場合に、この原理を思い起こすがよい。

内在の神こそ、あらゆる教師の中の最大の教師です。

あなたがたの持っているパワーというのは、すべてまずあなたがたに引きつけられてから、あなたがたの身体の中でいわば発電され、何であれ、望むものを成就するために送られるのである。

これすなわち人間を通じて神が発現したのです。しかし、それは個人的な神ではなく、内在する全包容的な神です。

神を内から顕現させたとき、神がすべての状態に浸透したことになり、人は神と結びつくのです。まず内なる神を崇め、自分自身から神を顕わすことによって、あなた方は、神すなわち全人類の内なる神を崇めることになるのです。

外なる神を拝することは、偶像崇拝をもたらす。

内なる神を拝し、内から、外なる全世界に神を顕わすことは、至る所に神の生命と光をもたらし、かつそれらと意識的に接触することです。

あなたがたの体内にない神が体外に在るはずはありません。なぜなら、すべてが発振しエネルギーを出しているからです。

こうして、これらの波動はあなたがたの肉体の周囲と同様に、身体の中をも貫流していま す。また、神の波動は、宇宙の全物質はもちろん、あなたがたのあらゆる体をも包含しています。

こうして至る所、東西南北上下、すべての内外に、神の存在しないところはなく、神の中に包含されないものは無いのです。一原子の空間といえども、光と生命のエネルギーが貫流しないものはないのです」

以上の法話を終えると、エミール師はハルドワールでの再会を約束し、別れを告げました。

第14章

イエスにより明らかにされた宇宙と生命と物質の本質／すべては光、すべては振動

長年のイエスへの想い／作家ウェルドンの同行が決まる

この町から約1日の行程のハルドワールが近づいた頃、私たちは、ウェルドンというアメリカ人の住家で旅装を解きました。彼は、温かく歓迎してくれて、5、6日は泊まって行くようにと、強く勧めてくれました。

ウェルドンは有名な作家で、長年インドに住んでいますが、私たちの事業に共鳴し、深い関心を持っていました。これまでにも数回、私たちの事業に参加させてくれと頼んできたのですが、まだ彼を迎えられる事情にはなっていなかったのです。

翌日、彼の庭で私たちの体験を話していると、彼が突然、「自分はナザレのイエスと呼ばれている人物の歴史と生活の信憑性を完全に認めたことはない」と言い出しました。

彼はこれまで、入手できる限り、いろいろな記録を注意深く読んでみましたが、どれも曖昧で、間違いなくそうだと確信できるものに欠けているように思われたのです。従って、彼の心中には、そのような人物の実在についての非常に重大な疑惑が潜んでいるため、終いには、失望して研究も放棄してしまったそうです。

そこで隊長は、仮にウェルドンがイエスと対面した場合、イエスだと見極められるかどうか、また、どのようにしてイエスだと判断できるかと、訊ねてみました。

それに対し、ウェルドンはこう答えました。

「あなたは、これまで僕の全生涯を動かしてきた最大の原動力であり、理想でもあったテーマに触れてくれました。この人物が、この地上に肉体をもって存在したことが事実であるという、何かの徴《しるし》がありはしないかと、僕がどんなに魂を吸い込まれるように関心をもって期待してきたか、あなたには判らないでしょう。しかし、僕の疑惑は年を追う毎に強くなり、とうとう全面的に信頼できるイエスの足跡を見つけ出そうという試みを放棄してしまいました。

ところが、そうは言うものの、いつかどこかで、外部から前もってそれと知らせるようなものも何もなしに、この人物に面と向かうことになったとき、僕には間違いなくイエスだと判るんだという、一筋の仄《ほの》かな想いとでもいうか、あるいは一筋の希望とでもいうべきものが、ずっと奥のどこかには何時もあるのです。

それが本能的に僕の前に湧き上がるんです。僕はあなたに断言しよう。こんなことは、今までに口外したことはないのだが――僕には、イエスだと見分けがつく気がするのです」

その晩、私たちが、寝支度をしているところへ隊長がやって来て言うには、

「諸君は今日の午後、イエスというお方について交わされた話を聞いたわけだ。ウェルドンの真剣さは、皆にも判ったと思う。どうだろう、彼に我々と同行するように勧めようじゃないか。

我々の目的地に、ナザレのイエスと言われている方がいるかどうかは判らないし、また、そこにいると決め込む手立てもない。我々は、この方の動きを調べることもできない。ただ、そこにいたことがあるということを、知っているだけだ。

もっとも、ウェルドンに同行を勧めても、その方がそこに居なかったとすれば、彼の失望をますます深め、なんの役にも立たない結果になりかねないけれどもね。

ウェルドンは我々と一緒に行きたがっているようだが、我々としては、誰一人、このイエスなる人物が間違いなくいると知っている者はいないし、我々の内の誰にしても、イエスについての思わせぶりなことは言えないが、僕としては、チャンスじゃないかと思う」

一同はそれに同意しました。

こうしてその翌朝、隊長はウェルドンに我々との同行を勧めました。その瞬間、ウェルドンの顔が、期待でパッと輝きました。そのあと、ちょっと思い直してから、次の水曜日には割当の仕事があるので、その時までには、こちらに帰らないといけないと言いました。

その日は木曜日だったので、あと6日はあるわけです。隊長としては時間はたっぷりあると思いました。そこで我々は、その日の午後出発することにしました。やがて万事好都合に運び、2日目の正午、目的地に着きました。

到着してみると、我々が入ることになっていた宿舎に、12人の人がひと塊になって座っています。

私たちが近づいていくと、彼らは立ち上がり、宿舎の主が挨拶に寄って来ました。この一団の中に、我々は、イエスが立っているのに気づきました。

誰も一言も言わず、それらしい素振りもしないのに、我々の中から、ウェルドンが、両手を差し伸べて進み出て、やがて歓声を上げて走りだしました。

「ああ、判りました。判りました。貴方様です。ああ、この瞬間こそ、私の全生涯でも、最も聖なる時間です」

そう言いながら、彼はイエスの両手を握りしめたのです。

この場の様子、特にウェルドンの感激と歓びに、我々もまた、神性な法悦に近い、何かが、サッと全身を駆け巡るのでした。一同にウェルドンが紹介されるとき、我々も前へ出て挨拶を交わしました。

昼食が済んで庭に座っていると、ウェルドンがイエスに言いました。

「わたくしたちと、お話をしてくださいませんか。わたくしは、この瞬間を、これまでの一生をかけて待ち望んできたのです」

しばらく沈黙が続いてから、おもむろにイエスが語り始めました。

波動の父によってあらゆるものの創造が四六時中行われている

「今の沈黙の中で、私が語りかける父、私の内にまします父なる神は、すべての人々の中に在り、すべての人々が語りかけることのできる、愛の父なる神と同じであることを、私と同じように、親しい気持ちで知ってほしい。

ひとすじの不可思議なる栄光が、琴線をさっと過ぎれば、それは至純にして神性なる生命と共に振動する。その音のあまりの純粋さに、待ち受けていた沈黙も止まり、いよいよ心熱く耳を傾ける。

あなた自身の大いなる叡智ある者（即神我）の指が、あなたの手（現象我）に触れれば、その柔らかき感触は、しばしそこにたゆたう。その声は、常の如く、父なる神の大いなる栄光輝く愛についてあなたに語る。あなた（神我）の声が、あなたにこう語っている。

『あなたは、私と共にある。あなたと私は、共に神である』

今や神のキリスト・神我が現れたのである。

では、あなた方は、すべての制約を打ち消し、霊において私と一緒になるがよい。今私があなた方に与える以上の大いなる思想が、かつてあなた方に与えられたことはない。

そんなことができるはずがないと人々が言おうと、それは問題ではない。ちょうど、私がすべてを征服したのをあなた方が見たように、あなた方一人ひとりが、今やすべてを征服し、完全に支配する聖なる主となったのである。

時は今、此処に満ちている。あなた方が聖なる主に送った、充実した、純粋な思念が、あなた方の身体に実ったのである。こうして魂は、完全なる支配権を得たのである。あなた方は、私と共に、天の高みに駆け昇るのである。

わたしたちは、自分の身体を高揚し、遂にその輝く光を純粋白光の光炎と化す。

その時の私たちは、共に父なる神に回帰したのである。私たちの父なる神は純粋の光であり、この振動する光から、ありとあらゆるものは出て来たのである。この波動の中に於いて、すべては神と共に在る。

これらの振動する光の放射の中にあっては、すべての物質意識は拭い去られ、あらゆる被造物が、形無きものであったのが、投影されて形あるものとなり、すべてのものが各瞬間毎に新しきものとなるのが見える。

太初の宇宙、すなわち水様原質、すなわち神性物質の中には、すべてが存在している。それ故に振動は極めて高く、何人にもそれは見えない。

我々大師と呼ばれる者のように実相・神我の中にあるのでない限り、人は自分の身体の波動を実相の波動まで揚げる努力が必要である。

あらゆるものの創造が、四六時中行われている。それは創造が、大宇宙の中で発生した宇宙光の波動の放散によって起こるからである。この放射するものが、大普遍生命、またはエネルギーであって、すべてを支えており、放散、または振動の父と呼ばれるのである。

逆にそれは、他のすべての放散または、振動を粉砕するが故に、放射または、波動の父と呼ばれる。実際には、粉砕するのではなく、ある形態を実現するために、他の放射または振動を除《よ》けておくだけである。我々の身体が、大霊の波動に同調して振動するならば、我々は、すべての波動の中でも、最大の光の波動、すべての波動の父、すなわち神となる。

これらの宇宙線が、所謂《いわゆる》物質を破壊するほどの恐るべき砲撃力となることが、遠からず証明されよう。

これらの宇宙線は、あらゆるエネルギーの根源、あらゆる元素の父、あらゆる元素の根源から来る。これは実は、破壊ではなく、いわゆる物質から霊形態への変性なのである。

これらの宇宙線が極めて巨大なる透過力を有し、あらゆる物塊を透過して、いわゆる原子のハート、核そのものを言わば破壊し、それを他の物質の原子に変性して、こうしてより高い秩序に属する他の元素を創造することが、遠からず判るようになるであろう。

このようにして、創造は進行してゆき、純光すなわち純生命を、より高い次元に放射してゆく」

宇宙線はものを破壊するのではない／低次の元素から高次の元素へと、物質から霊的なものへと変えている

「このような巨大なる透過力のあるこれらの放射は、地球や太陽銀河からくる放射とは容易に識別されるし、後者の放射を完全に支配する力がある。

これらの放射は、ある不可視の普遍的根源から来るもので、その放射線は極めて強力で、一個の元素を変化させ、あるいは変性させて、他の元素の無限の微粒子と化してしまう。地球がこれらの放射線の恐るべき砲撃を不断に受けていることなどが、間もなく知られるようになるだろう。

この宇宙線が原子核を撃つと、原子核は粉砕されることも発見されよう。宇宙線は、この原子を分割して別の微粒子とし、こうして低次の元素から高次の元素へと変える。よって、**宇宙線はものを破壊するわけではなく、低次の元素から高次の元素へと、すなわち物質的なものから霊的なものへと変えるのである。**

この高次の元素は、人間の命ずるがままになる。

それは、人間が高次の目的のために使用するから、名付けて高次というのである。人間が霊的波動を起こしているときは、この放射線とその動き方を完全に決め、かつ制御することができる。

こうして霊的振動を起こしてる人間にあっては、四六時中彼の周囲全体で変性が起こっている。

変性とは、高度の意味における創造なのである。従って、すべてはその現に存在するところで創造されるのである。**創造は決して止むことなく、永遠に続き、決して終わることはない。**

大宇宙から発する放射線は光から成り、この大宇宙から爆出する、いわゆる光弾丸によって構成されている。この大宇宙は、すべての宇宙群を包含しており、この大宇宙の中で、各小宇宙群からふんだんに放出されるエネルギーを、それぞれの太陽が吸収し、その中心太陽核に送り込み、保存しかつ集中して、形成する。

この中心太陽は、振動し脈動するエネルギーで充満するようになり、一方、エネルギー自体は極めて濃厚に凝縮し、遂にいわゆる光弾丸が猛烈な力で発射され、他の原子核と衝突したときにその原子は粉砕されるが、破壊はされない。その粒子たちは、変性して他の元素たちの粒子となり、終いには同化してこの新しき元素となって落ち着く。このようして、その元素が蘇生するわけです。

生命とは、いわゆる光弾丸の砲撃によって解き放たれるエネルギーである。そのうち、放出する粒子群に吸収されるエネルギーは、粒子の生命、もしくは全元素の生命と呼ばれる。一方、生命として吸収されなかったエネルギーは、宇宙へと戻り、元々の状態になる。そしてそれは、再び集中、濃縮された上でまた発射され、他の原子たちと衝突してそれを粉砕し、こうして他の元素の原子創造の要因となる粒子たちを創造する。こうして拡大、集中、波動の低下、濃縮を経て、遂に形体化し、創造は永遠に続く。この叡智を有する放射エネルギーが、我々の周囲の宇宙群を統制し、本来霊的であって物質的ではない、我々の身体という宇宙を統御する神なのである。

この変性は崩壊ではない。

これらの光弾丸のごく一部分のみが、一定の時間比で、かつまた法則に完全に従って、他の原子たちの核を撃つように叡智が指揮しているので、バランスの崩れた現象化はしないようになっている。

人間は、この究極の叡智と一つになれば、秩序整然たるこの打撃を高めて、彼の必要とするものを瞬間的に満たすことができるのである。

このような方法で、人間は遅い自然の過程を促進することができる。しかし、自然に干渉するのではなく。自然が低い秩序で働く低い波動よりも、もっと高い波動で自然と共に働くのである。『目を上げて畑を見るがよい。色づいて刈り入れを待っている』。(ヨハネ4:35)である。

すべては波動であり、波動の働くところの面、あるいは分野に対応する。

この面または分野とは、地球を取り巻いている同心円帯、または、殻《かく》のことではない。これらの同心円の殻、または層は、イオン化した帯であって、地球を取り巻いており、地球上から発する波動を反射するが、宇宙光線の放射は妨げず、締め出しはしない。四六時中、変性すなわち創造が続くのは、これらを通じてである」

より高い振動数に同調し、波動そのものとなる／そこでマスターはあなたを待っている

「私たちの身体でさえ、低次から高次の状態に変性している。

私たちは自分の想念を、また、自分の身体を、より高い波動に意識的に同調し続けることによって、この変化を意識的に指揮することができる。こうして、私たちの身体を、より高い振動数に意識的に同調させることによって、私たちは、その高い波動そのものとなる。この状態の中で、主（マスター）は、あなたがたを待っている。

あなたがたは、本来今あるままで主である。すべての状態の支配者なのである。ある一つのものを自らが神として創造する自覚と栄光は、いかなる物質的な世俗の思いをも遥かに超えることが今、あなたがたには判ったのです。

第一段階は、常にまず『完全』の習慣、『神』の習慣、『キリストなる神』という習慣を養うつもりで、自分の想念、心、身体全ての外に出る動きを、完全に統制することである。何処にいようと、仕事中であろうと、休憩中であろうと、思い出すごとに、これを実行せよ。この完全なるものが、自分の中に存在するのを観ぜよ。この完全なる存在を自分の真我、神なるキリストの臨在と観ずる習慣を養いなさい。

さらに一歩前進し、汝の存在のまさに中心から聖なる白光が、目も眩むばかりの純粋さと輝きとをもって発光すると観ぜよ。その光は非常に明るく、荘厳で、あなたがたの全身のあらゆる細胞、繊維、組織、筋肉、器官から発すると観ぜよ。

こうして、真の神のキリストが勝利に満ち、純粋、完全、永遠なる姿をもって、顕現すると観ぜよ。小我のキリストに非ず、汝自身の真の神キリスト、汝の父なる神の一人子、常に勝利に満ち、すべてを征服する神の真の一人子のことである。

『神』という度ごとに、自分が神を顕していることを充分に認識してもらいたい。

私を神のキリストとして顕すよりも、神を顕すことによって、あなたがたは一層、世の中に貢献できるだろう。神のキリストとして私を顕すより、自分自身を神のキリストと観じ、自ら神を世に顕し、神を自分自身として見ることの方が、はるかに偉大で、高貴である。

あなたがたは、後ろの方に座って、私に取り成しを祈る。私を偶像にしたり、似姿を造ってそれに祈ったりしない限り、私を神のキリストとして世に示し、私を通じて現れた像を神の特質として認めてくれるのは、非常に宜しい。

しかし、私の姿を刻んだり、その肖像に祈ったりした瞬間、もうあなた方は私を貶《おとし》め、あなた方自身を貶めているのである。

私、または誰でもよいが、他の者の示す理想を見て、次にはそれを自分自身の理想とするがよい。そうすれば、私たちは神から離れることがないし、世界を征服する。

我々と共に神において一つになることによって、偉大なることが成し遂げられるのがお判りでしょう。

愛と尊敬、献身と崇拝の心でこれらを滋養すれば、それは習慣となり、やがてあなたがたのすべてとなり、日常生活となり、存在となり、短期間に神を顕わすようになる。

こうして、あなたがたは再び聖なるキリスト、神の嫡出子となる。

あなたがたは、原始霊（Primal Spirit）、エネルギーと一つである。この大いなる光を実際に観じ、見、摑むがよい。それを自分のものであると受け取り、そう宣言し、また自分のものであると積極的に知るがよい。

そうすれば、短期間のうちに、あなたがたの身体から真実この光が出るであろう。

あらゆる時代、あらゆる状態において、無辺の宇宙を通じてこの最高の光は実存してきている。それは至る所にある。この光こそが、生命である。

何かのことが明らかになると、我々はそれについて啓蒙される、すなわち光を注がれたことになる。

この光は、私たちの意識的な観念の中に入ってゆく。すべての偉大な方々の場合もそうであったように、程なく生命の光が、あなた方の注目しつつある目にも届くであろう。

これらの偉大なる方々の多くが、大いなる光の中に現れている姿が描かれている。あなたがたには見えないかもしれないが、この光は実際にあるのであり、それはまた生命でもあって、あなたがたの身体から放射しているのである」

イエスのお話がここまできたとき、ウェルドンが聖書の教えについて話し合ってもよいかどうかを尋ねたところ、すぐに承認されたので、私たちは立ち上がって一緒に庭に出て行きました。

そこで、ウェルドンが大声で言いました。

「あなたがたが、ここでこのような偉大な方々と交流しているのに、僕は近所に住んでいながら、少しもこの方々の偉大さが判らなかったとは！　今日は僕にとって、本当に啓示の日でした。新しい世界、新しい光、新しい生命が啓示されたのだ」

どうしてイエスだと判ったかと訊いてみると、ウェルドンの返事は、

「僕がこの方を判ったのを、珍しがっていますが、何故判ったのか、僕には判らないんです。でも、何となく判ったんです。誰が何と言ったって、何となく判ったんです」

という話でした。

ウェルドンがもし前に話していた仕事をやるのであれば、次の月曜日に出発しなければならないし、私たちの一行の内、その日にダージリンに向かって出発するのが二人いるから、同行することになるだろうと水を向けたところ、

「出発ですって？　僕はもう、誰かに僕の仕事を代わりにやってもらうように、使いの者を出しましたよ。僕はここに残ります。なのに、あなたがたは、僕を追い出そうとするんですか？」と、言いました。

第15章

イエス自ら語った「神の波動と蘇りの原理」

神とは自分を貫流する創造原理／神の名を使用すればするほど波動が高まる

田舎を歩き回ったり、多くの興味ある場所を訪れたりして、非常に愉快な一日を過ごした後で、夜8時に宿舎に戻ってみると、大師たちが庭に集まっていました。

少しの間、四方山《よもやま》話が続いてから、イエスが「ウェルドンが、いかに神秘に打たれたかが、よく判ったね」と切り出してから、語り出しました。

「これからあなたがたにお話しするが、それをよく自分自身に言い聞かせて欲しい。もしあなたがたが、これから言うことを、自分でもその通りに言うか、またはそれを自分自身の一部とするならば、もうそれ以外のものは、何も要らないのである。

しかしながら、これから言うことを、『公式』にしてしまってはいけない。

自分の思念を神性原理に一致させるために、あるいは、『思念を一点に集中するように訓練するため』なら、学習を使っても宜しい。私たちは神という言葉をできるだけ頻繁に、否、幾度でも使用する。

あなたがたが、神を、自分の内に住み、自分の内を貫流する最高の原理であると知ったうえで、神という言葉を使えば使う程、そこから大いなる恩恵を受けるであろう。

換言するなら、私たちの考えでは、『神という言葉は、いくら言ったり使ったりしても、過ぎるということはない』ということである。

神を、自分を貫流する創造原理と観じ、それに一心を集中し、これにエネルギーを与えて送り出し、もっと強力な影響力をこれに与えることである。それがあなたがたの中を貫流しているのは事実なのであるから、あなたがたの実存の全力で、これを外に押し出し、送り出すことによって、より大きな推進力を与えることができる。

人間の身体は、さらに大きな業をなし、この力をさらに大きな形で送り出すために、この力を変圧して推進力を増幅させる媒体なのである。そうすれば、数百万もの人たちがその放射を増幅して送り出すようになり、この創造原理に、さらに遥かに強大なパワーが加わるのである。

しかし、一人の人間でも、完全な支配力を持って立ち現れたならば、世界を支配できるのである。これが数百万人もの人なら、一体どのようなことが成し遂げられるか、お判りになるだろう。

神は、自分の中にあったのだと、今あなたがたは、悟得しつつある。その内在の原理であることを知って、神の名を使用すればするほど、あなたがたの身体の波動はその分高まる。

すると、これらの波動はお互いに関係し合い、神性なる波動（この神性なる波動を神といい、また、神はこの神性なる波動を放射しているのである）に感応する。

一度だけでも、意識しながら神と讃えれば、あなたがたの身体は、その前までに出していた波動には、決して戻らないであろう。

このことを念頭に置いて、私の言うことを、我が物にしてもらいたい。できるなら、それをあなたがた自身の言葉で表現して欲しい。そうすれば、それはあなたがたから出たのであって、外界から出たものではないのである。

試しに、しばらくその通りやってみて、どういうことになるか、見てみるがよい。

神のことを考えるたびに、あなたがた自身が神の聖なる計画の中心であることを思い出すがよい。しかし、これは私の言う言葉ではなく、神のキリスト（神我）である、あなた方の言葉なのである。

イエスなる人間は光すなわち純粋の生命、すなわち神を現したるが故にキリストとなったことを、よく肝に銘ずるがよい。我を貫きて流れる我が父なる神、聖なる原理はすべてのすべてである。神であるすべては、また真我（I AM）である。我は、神のキリスト、神人である。

我が父なる神のすべては、神人の使役に供するためにある。こうして我＝神我（I AM）は、すべての物質を使役する資格を与えられているのである。事実、我が父なる神は、すべての物質を神人に無限の枡をもって押し付けているのである。

神原理こそ我が父、我＝神我（I AM）である神のキリストであり、神と我とは完全に一体である。神の持ち給うものは、神のキリストのものでもある」

神という言葉そのものが持つ高波動

「神という言葉を取りあげてみよう。

この言葉がかくも大きなパワーを持つのは、何故であるか。それは、この言葉が発せられるときに放出される波動のためである。それは文字通り最高であり、大宇宙そのものであり、最も効力のある波動である。

それらは、宇宙線に乗って来て、最高の放射線の場を構成する。この場はすべてを包容し、すべてを貫通し、すべてに存在し、すべての物質を支配する。

それはすべてのエネルギーの支配元素であり、この波動が光と生命を運ぶ媒体である。

この放射線の背後にあって支配している叡智が、我々の神というもので、その放射線を通じて叡智はすべてのものに遍満する。

この放射線の場から光と生命が発生する。人間がこれを受けると、この二つが体の中で結合されて一つとなる。すると、彼の身体は直ちに光の波動に感応し、こうして彼は神の波動となり、彼の身体は光を放射する。神としての悟りを得た人は、低い波動の場で動いている人の目には映じないことがしばしばある。

以上が神という言葉の強大な理由である。

この神という生命を支える言葉のお蔭で、あなたがたの聖書はあのような影響力と長命を維持しているのである。この偉大なる書物の中で、この言葉が書かれ、語られている頻度について考えてみるがよい。

文字にせよ、言葉にせよ、神という一つ一つの言葉から出る種々さまざまな光の放射線を、それゆえにまた生命とエネルギーの放射線を見るがよい。一つ一つの神という言葉が、それを語り、聞き、または見る人すべての人々の魂そのものに、神の波動をもたらす。

魂はこの波動に感応する故に、その高揚に相応して、その書もまた高められ、揚げられる。こうしてその書は、生命とパワーと不滅を与えられるのである。もとはと言えば、神という言葉のお蔭である。

こうして、書物とは、霊的意味においては、神の言葉であって、書物の字義の通りではないことが言える。聖書の真の霊的価値には注意を払わないで、文字通りに解釈する人が、あまりにも多過ぎる。

しかし、前者のような自覚がなくても、さほど問題ではない。なぜなら、霊的波動は、そういう無自覚な考え方の引き起こす波動を消してしまうからである。

そういう人でも、ひとたび神と口にして言えば、その波動は彼らの理解の欠如を補って余りあるほどに、遥かに高いのである。

しばらくの間、注意深く、神という言葉を繰り返してから、悪という言葉を出してみて、それぞれどんな波動が体内に起こるか、省察してみるとよい。まだこの実験をしたことがなければ、改めてそれを実験すれば、あなたがたにとって、それは一つの啓示となろう。

多くの科学者は、有神論の仮説を立てることは、不可能だと言っているが、彼らに構う必要はない。彼らが昨日、不可能と言明したものも、今では成就されつつあるのである。

今は、自分の家（心）の中に入り、中を整理して、神なる語が自分のために何をしてくれるか、それを知る好機である。しばし注意を深め、試みにこの神なる語を発し、すべての差別や小競り合いが、おのずから放下されてゆくのを体認するがよい。

全霊をもって神なる言葉を出すがよい。そして、おのずからして、同胞たちにもっと親切に対応し、もっと公正に扱わずにはいられない法悦を実感するがよい。

神を我が前に置けば、忘却の彼方より続く世界の迷妄の霧も、一条の煙の如くに消え去るであろう。こう言えば、知性は眉をひそめようが、知性に構う必要はない。それは幾度も過ちを犯してきたからである。

神なる語によって自分の中を支配し、敢然として立ち上がれ、然らば全世界の争いも混乱も、あなた方に一指だに触れることはできない。

神、すなわち最高の波動が実存し、それが至高の力であることを積極的に知るとき、それを用いることによって、すべてを支配することができるのである。

それによって、自分の身体を至る所に移動させることもできる。

あなたがたが、今在る場所にて、同時に他の場所にいる必要がある場合、あなたがたを現在の場所に留めているのは、我であって神でないことを思い起こして欲しい。

今いる場所に留まったままだとすれば、それは神の力を制約した使い方をしているに過ぎない。故に我を放棄せよ。制約を棄てよ。『我は神のキリスト、神の波動と力と一体である』と宣言せよ。

自己が神の波動そのものであることを決定的に自覚した瞬間、あなたがたは、目的地に来ているのである。何かを考えるだけでは、そのものは成就しない。

そのことについて知り、かつ成さなければならない。その次にそれを成さざるを得なくなるまでに、根源者（神）を愛し崇めなければならない。

なるほど信念は正しい想念を起こさせ、正しい『道』を示す。信念である以上は、神のキリスト・神我としての命令、すなわち『我こそが、神の波動なり』との命令を実際にくだすのである。その波動に主権を握らせた瞬間、あなたがたは、立ち上がって断行するようになる。愛と崇拝を伴う認識こそが成就をもたらす。

神の波動が意識されないからと言って、それが実在しないということにはならない。それが実在するということを信じ、次にはその実在を認めることによって、その実在を意識するようになり、遂にはそれを利用できるようになるのである。

ある波動を起こし、その波動の場と波長が合っていると、それ以下の波動の場で自己を表現する者たちの目には、あなた方の姿は見えなくなる。

もし、あなたがたの身体が光速度で振動するならば、あなたがたの姿は、いよいよ見えなくなる。光は生命である。全面的に光振動の中に生きるなら、あなたがたの身体はすでに純粋の生命となっている。光と生命が神である。ゆえに、神の波動の中に住むとき、すべては神なのである。

『太陽も日中は、汝の光とならず、月も汝に光を与えざるべし。主のみ永遠の光、汝の神、汝の栄光とならん』〔イザヤ書60：19〕

主なる神のキリスト（神我）の身体が、神の波動と一致しているときには、もはや彼には、光の必要はなくなる。

すでに彼の身体自体が真昼の太陽の光よりも純粋なる光となっているのである。

イエス、言い換えれば人間を通じて純粋な生命光を現す主、すなわち神（即ち神の法則）は、地上において、キリスト（神我）となる。主（法則）すなわち神の法則を理解して、それを実際に生きれば、各人がキリストとなる。

『我（神我・I AM）は世の光である。私に従うものは、闇を歩むことなく、生命の光を得るであろう』『そこで、パリサイ人たちがイエスに言った。〈汝は汝自身のことを証している。汝の証は、真実ではない〉。イエスは彼らに答えて言われた。〈私は自分のことを証しているが、私の証は真実である。それは、私が何処から来て何処へ往くかを知っているからである。

しかし、あなたがたは、私が何処から来て、何処へ往くのかを知らない。あなたがたは、肉によって裁くが、私は誰をも裁かない。

しかし、もし私が裁くとすれば、私の裁きは正しい。なぜなら、私は一人ではなく、私を遣わされた父なる神と一体だからである。

また、あなたがたの律法には、二人による証言は真実である、と書いてある。私自身のことを証すのは、私であるし、私を遣わされた父も私のことを証し給う〉。

すると、彼らはイエスに言った。〈汝の父は何処にいるのか〉。イエスは答え給うた。〈あなたがたは、私たちのことも、私の父のことも知らない。もし私のことを知っていたなら、私の父のことも知っていたはずだ。[ヨハネ伝8：12〜8：19]。

もしあなたがたが、神と手をつないで歩くなら、どうして闇を歩むはずがあろうか。

あなたがたが神をして勝利するならば、あなたがたの成す業や功績は久遠である。

この波動と共に出て来たこの光に忠実に生きる限り、あなたがたは、滅びることも変わることも決してない――これらの波動は、永久に続くのです。

高尚なる生涯を送り、高尚なる行いをした人々がたくさんいるが、それはすべて神の波動を通じて成し遂げられたのである。

こうして彼らは、これらの波動を低めて水様物質を結合して形あるものとする。彼らには、こういう風に創造する力がある。液様物質は、あらゆる元素を含む物質である。

いずれ科学者は、すべての元素を溶解すれば、この液様、または蒸気の状態になることを発見するであろう。

この状態においては、すべての物質は、同じ振動率で振動または放射している。

従ってこの振動を、元素の粒子が合体する振動率まで下げれば、望みのままの元素が得られる。ここにおいて、宇宙放射線は重要な役割を果たすことになる。すなわち、ここで、変性が起こるのである」

人の中にキリスト（神我）が目覚めるとき

「大いなる魂を持った人たちが、これまでたくさんいたが、その業績も彼らと共に過ぎ去ってしまった。

それは、彼らが、自分を支える力を知らなかったからである。他の者たちと同様に、彼らもまた、自分の業を自覚せず、こうして忘れ去られたのである。

もしも彼らが、この支える力の実態を知り、明確な想念と行為によって、彼らの行いと統一していたら、例えば、現在エジプトのピラミッドの形で人類の前に聳《そび》え立っている大いなる業績の山々のように、彼らの業績もまた、忘れることのできない大いなる山として存立しただろう。

キリスト（神我）の生涯を送ることの方が、遥かに偉大ではないだろうか。

それは、あなたがたの理想とするに相応しい価値あるものではなかろうか。それは、人生の諸々の瑣事《さじ》を、完全に消し去るのではないだろうか。

敢然として前進し、キリスト（神我）の生涯を生きた人々の業績があなたがたに判らないのだろうか。このことを成し遂げたとき、あなたがたは、変貌の山に立つのである。

人間の律法と預言は、いずれ消え去る。

しかし、勝利に導くキリスト（神我）のみは、永続する。それも毅然として存立するのである。あなたがたにもこの事ができる。いや、人はすべてが意志さえすれば、それができる。

きるのである。

今やあなたがたは、自分と父なる神とが一つであることが判った。

これは、自分と父なる神が、一つの律法として共に在る証であり、この証は真実である。

ゆえに、もしあなたがたが裁く場合があれば、その裁きは正しい。

また、もしあなたがたがその起源について証しをするならば、その証は正しい。あなたがたは、自分の起源を父なる神と共に知るのであるから、あなたがたは、決して過ぎゆきて消えることなく、常に父なる神を知る。『もし彼らが私の父なる神を知っていたなら、彼らは私を知ったであろう』、なぜなら、私たちの波動は、完全に一致していたはずだからである。

そこでイエスは、彼が教えを垂れた寺院の中で叫ばれた。〈あなたがたは、二人とも私を知り、私が何処から来たかを知っている。私は自分で来たのではない。私を送られた方は実在する。

あなたがたは、そのお方を知らない。しかし、私は彼を知っている。

私は、彼から来たのであり、彼が私を送られたからである〉。

そこで彼らは、イエスを捕えようと思ったが、誰も手をかけなかった。それは、イエスの〈十字架にかけられる〉時は、まだ来ていなかったからである。そこで多くの人々が、彼らを信じて言った。〈キリストが来給うときでも、この人以上に奇跡を成すであろうか〉。

そこで、イエスは、彼らに言いました。

〈しかし、いましばらくの間、私はあなたがたと共に居る。しかし、やがて私は、私を送った方のところに行く。あなたがたは私を探すが、見つからぬであろう。私の行くところに、あなた方は行くことはできない〉。（ヨハネ伝7：28－34）と、聖書にある通りである。

キリストの中には、霊的なものと物質的なものが融け合っている。

霊は、『私は自分で来たのではない。私は父なる神のものである』と、知っている。

寺院（身体）は、キリスト（神我）の輝き出る純粋な媒体とならなければならない。

人の中にキリスト（神我）が目覚めたとき、その時こそ彼は、私がしたこれらの事よりもなお、大いなる奇跡を演ずるであろう。

あなた方が欣求《ごんぐ》すれば、私の中に、あなたがたの中に、そして、すべての同胞たちの中に、普遍なるキリスト・神我がましますことを知るであろう。

普遍なるキリスト・神我があなた方一人ひとりに現れるとき、あなたがたの『時』は来たる。そのときキリストとしての自覚が高まり、私がしたように、父なる神を賛美するであろう。［マタイ伝27：46］」

十字架での私の最後の言葉は誤訳された／イエスの本当の意味

「十字架での私の最後の言葉が、『我が神よ、我が神よ、なんぞ我を見捨て給う』と記されているが、これは完全な誤訳である。

本当の言葉は、『我が神よ、我が神よ、あなたが、あなたの子らの誰一人として、見捨て給うことはありませんでした。あなたの子らは、私があなたの御許に来たように、あなたの御許に来ることができるからです。彼らは、私の生涯を、あるがままに見ることができます。その生涯を彼ら自身が生きることによって、おお父なる神よ、キリストを具現して、あなたと一つになります』ということだったのである。

そこには、いささかも、『見捨てる』や、『分離』などの考えはなかったのである。

あの『時』の遥かな以前に、神のキリスト（神我）は、はっきりと顕現していたのである。

彼らが私の肉体を焼いたとしても、見かけ上での破壊によって放散した同じ粒子で、私は再び肉体を組み立てることもできたのである。

また、彼らが私の肉体のあらゆる粒子を分割したとしても、瞬間的にそれを組み立てることもできたのである。ゆえに、その通り私が実行したとすれば、そこには何ら肉体の変化はなかったであろう。

人間は、神のキリスト・神我の悟性が出るようになると、智恵を持っているエネルギーを、解放するようになり、このエネルギーと知恵が彼を完全に包み込むようになるので、仮に肉体が分解しても、生命要素が肉体の粒子から分離するようになっても、この叡智ある生命原理は、これらの粒子を再び結合して、前と同じ形態にすることもできる。

すなわち、もともとの型があるのであって、この型は、破壊することのできない材質(substance)によって、その材質の中でつくられる。必要なのは、材質を再結合して型を満たすことだけであり、それにより、以前と全く同じ生命要素が浸透する。こうして、前と同じ完全な型、もしくは似姿を得ることができる。

従って、私が十字架にかけられても、何ら傷害を受けなかったことが判るであろう。それは、キリスト原理・神我を傷つけようとした人々のみに、傷害を与えただけである。

このことは、いずれは、全人類が通る一つの道である大原理の法則が満たされる一つの例である。かくのごとく同じ道を通ることによって、全人類が神のキリスト（神人）となる。こうして彼らの理想が遂に不滅の形で結実するのである。

この肉体さえ実は破壊されなかったのである。

この肉体の波動は極めて高いので、それを十字架に打ち付けて高く掲げるという単なる行為が、実は、私を十字架の刑に処した人々にとって、私という人間が肉体に加えうる、すべての制約に終止符を打ったというしるしに過ぎなかったのである。

人間の制約行為を完全にするために、その次に必要なのが、死体を墓の中に納めて大きな石をその上に転がし、墓穴を完全に密封することであった。それゆえに、私は『事は終わった』と叫んだのである。

死すべきものが終わったとき、死せざるものが完成する。人間の不可死体は、岩を刻んで造った墓にさえ閉じ込めることは不可能なのである。

必要とあらば、岩を溶かして閉じ込めた肉体を解放することだって可能であった。かくの如くして、これらの情景はすべて人間が神から受け継いだ遺産の一つの象徴であったことが判るであろう」

第16章

愛と猛獣／敵として近づけば敵となり、同胞として近づけば保護者となる

虎とともに虚空から現れ出た美しい男性

こういう集いが数日続いてから、ゴードン・ウェルドンと私は、この方々と一緒にこの土地にしばらく滞在することにして、隊長と他の一行はダージリンに帰り、我々が確保してあった資料を統合して纏《まと》まった形にするために、本部を建てることで一決しました。

彼らが出発した後、私たちはキャンプを手入れして長持ちするようにしました。隊長が12月に帰るまでは、ここが私たちの本部になるからです。

私たちのいる所は、主峰の横峰から谷に延びる背の天辺にあって、谷底から約150mの高さです。その現場も周囲も、私たちが行楽欲をそそられるさまざまな変わった場所に行くのに好都合な所なので、メインキャンプを張るには最適でした。

キャンプは堂々たる高木の群生している大きな樹群の真ん中にあり、その地面は、主峰からキャンプの方になだらかな傾斜になっているため、キャンプはちょうど半円型劇場の真ん中に位置し、谷が残りの半円を含む大壁画のような感じでした。

この壁画の向こうには、黄金の溶けた海に大陽が沈んでゆきます。夕べ毎に、この色が、半円型劇場の背景の役割をします。峰に向かって照り映えて、頂上は恰《あたか》も巨大な光暈のごとく鼓動し、脈動する色彩の海に浸るのでした。

夕陽の最後の光条が水平線によって遮られるとき、沈黙の中に佇《たたず》めば、あたかも大いなる存在者がその両肩の高さに両手を挙げ、ひだをいとも美しく重ねた黄金色の衣をぴったりと纏い、純白色のオーラを数キロの広さにわたって放っているかと思われました。

ある日の夕方、ちょうど日没直前にキャンプの近くに座っていると、太陽がこの日に限って最大の荘厳な輝きを放っているように思われました。その景観は明らかに常と異なり、全員が恍惚となりました。

その中の一人が少し前にここに来ていたサンニャーシン（訳者注＝出家遊行者）に向かって、「太陽は、我々にお休みの挨拶をする前に、一段と美しく見せようとするんだね」と言うと、サンニャーシンは、「何かめでたいことの起こる前兆ですよ。偉大なる魂の方々が、いと尊きお方のお供をして、間もなくここにお集まりになるのです。どうぞ、お静かにしてください」と、答えました。

その瞬間、外宇宙からでも来たかと思うような静けさが、シーンと、辺りに広がりました。突然、静寂を破って、天来の声が、いと美しい調子で響いてきました。

やがて数千ものコキラ（鳥）が身も心もゾクゾクするほどの最高音で、調子を合わせて鳴きだし、それに声と歌が調和して、美しき交響曲となっています。

それを聞いていると、聖歌とは確かに天で生まれたものに違いないと信じざるを得ません。もし読者のみなさんも、この場の様子を目の当たりにし、この歌を直に聞けば、私が最上級の形容詞を多用することに異論はないと思います。

たちまち、鳥たちの囀《さえず》りは止みました。しかし、歌声は、前よりも荘重な調子で漂っています。

やがて峰の斜面に、銀色にゆらゆらと光るひだのある衣をつけた神秘的な美しい天女が二人、おぼろにその輪郭を現しました。その姿のあまりの美しさは、ただ「何故に強いて、虚しい人間の言葉で表現しようとして、却ってこの方々を汚すのか」と言い得るのみです。

しばらくは、呼吸まで忘れ、サンニャーシンも私も、我を忘れていました。突然、数千もの声がコーラスに加わり、人の形をした者たちが集まって、二人の中心人物を囲みだしました。

歌声が始まったときがそうだったように、突然歌声が止むと、人の形の者たちも消えました。

絶対的な沈黙が支配しました。やがて、一人の偉大なる方の姿が、一層輝く色彩の中に現れました。陽光が薄れゆくにつれて、人形《ひとがた》は次第に小さくなり、遂に私たちの前に現れたのは、完全に均整のとれたプロポーションで、比類なき色合いの、流れるような髪の男性的な姿でした。

その体には、ゆらゆらと動く、白い衣を纏っています。その衣は、いくつものひだを成して両肩から垂れ、腰のまわりで緩やかな白銀のひもで締められています。

私たちの方に、堂々と歩みを運ぶたび毎に、衣の裾が草を払います。ギリシャ神話に出てくる神であっても、この方ほどには、尊厳な感じは与えないでしょう。

私たちの近くまで歩みを運ぶと、立ち止まり、おもむろに話し始めました。

「お互いに紹介の必要はない。また、形式ばる必要もない。私は、あなたがたに本当の兄弟として挨拶をします。私が自分の片手をだし、相手がそれを握って握手しても、相手が握手しているのではなくて、私が自分の片手を握って、自分を握手しているのである。

私が自分で自分を抱擁するのに、躊躇するだろうか。そんなことはない。ちょうどそのように、私はあなたがたを愛する。そして、神原理と共に我々は全世界を愛する。私は、あなたがたと同じように名前もなく、年齢もなくして、久遠である。我々は、共にへりくだり、神性の中に在る」

その方が、しばらく沈黙のまま立っていると、たちまちその衣装が変わり、私たちと同じ服装になりました。しかも、その傍には、いつの間にか、大きなラージプーターナー地方産の虎がいました。その虎もまた美しく、その皮は、太陽の残照の中で、絹の真綿のようにも見えます。一瞬、恐怖に襲われましたが、実は、この出来事に呆然となっていたので、虎がいたことに初めは気づきませんでした。

突然、虎が低く身構えました。しかし、師が一言命ずると、虎は身体を起こし、その方が両手を出すと、その手に鼻面を置きました。

私たちも、恐怖の波が去り、気持ちが落ち着きました。

その方は、キャンプファイアの前に座り、私たちはその周囲に寄って行きました。虎は、少し離れて、地面の上に腹ばいになりました。

以下は、その方のお話です。

動物を愛しなさい／愛の波動が虎にもたらしたもの

「私は、しばらくあなたがたのご厚意に預かろうと思ってやって来ました。もし邪魔でなければ、宗教大会まで、一緒に滞在したいものです」

私たちは、この方と握手をしようと思って、みんなが同時に手を出してしまいました。それほど、みんな、歓迎の意を表するのに、熱心だったのです。

彼は、私たちに感謝してから、話を続けました。

「あなたがたは、野獣を恐れる必要はありません。恐れなければ決して害は加えないものです。あなたがたは以前、ある村の人々を守るために、その村の前の地面に横たわって動かないままになっていた肉体を見たことがあるでしょう。あれは、村人にとっては、身体を使ったシンボルに過ぎませんでした。あの肉体は、動かぬままに晒《さら》され、野獣のなすがままになっていました。しかし、動かなかったにもかかわらず、危害を被《こうむ》らなかったのです。そして、人々は事実に気づきました。それによって人々は動物に対する恐怖が無くなるのです。恐怖心が無くなった瞬間、恐怖の波動は発信されなくなり、従って、野獣もなんら恐怖の波動に感応しなくなり、ちょうど周囲の木や草や小屋などの様に、人間を食べるべきものとは見なさなくなる。

野獣が、かつては、もっとも恐怖の念を発信していた男を餌食《えじき》にしてきた村を、今度は誰も恐怖心を起こさなくなっているため、何事もなく、真直ぐ通り抜けてしまうこともあります。それを、あなた方は実際に見たわけです。

また、野獣が地面の上に倒れている者の上を、そのまま、またいで村を真直ぐ通り抜け、自分を恐怖する者を探しに行くところすら見たわけです。また、その同じ野獣が、6mと離れていない所に居る二人の子供たちの間を真直ぐ通り抜けて、恐怖を抱いていた年配者を襲うのも、目撃しています。子供たちは、恐怖の何たるかを知る程の年齢に達していなかったため、野獣は彼らを見なかったのです」

この方の言う出来事が、記憶の中から、どっと押し寄せるように蘇り、私たちはこれまでの恐怖の深い意義をしっかり把握する程深くは考えていなかったことを、初めて反省しました。

彼は、なおも話し続けました。

「動物を愛しなさい。そうすれば動物もまた、愛をもって応えてくれるものです。もし、動物が人の愛に抵抗するなら、人に害を与える前に動物の方が人に殺されます。動物はこのようなことについては、人間よりも遥かによく気づいているのです」

虎の方を、チラリと見ながら、

「此処にいる同胞に愛を出して、その反応を見ることにしよう」と言いました。

私たちは、それに応えて、精いっぱいやってみました。すると、すぐに虎は転がり、跳ね上がり、始終嬉しくてたまらない様子を見せながら、私たちの方に近づいて来ました。

師は、また語りだしました。

「動物を敵として近寄って行けば、彼は闘うべき敵となり、同胞として近づけば、保護者となるものです」

大聖地ハリドワール／アムリタの壺からこぼれた久遠のネクターが滴《したた》り落ちた場所

チベットのT字型寺院から私たちに同行していた弁尼が立ち上がって、野外宗教大会（訳者注＝インド神話に基づくクンブメーラーという祭り）に集まってくる巡礼者たちへの奉仕のために、ハルドワールに帰らなければならないので、明日、私たちと別れることになると言ったので、お互いに挨拶を交わし、その後で弁尼は去って行きました。

弁尼はじっと黙っていましたが、筆舌に尽くしがたいその友愛を、私たちは充分に感じていました。この偉大なる土地には、この方のような人々がたくさんいるのです。彼らは一言も発する必要なしに、人はその偉大さを感じるのです。

弁尼が出発したあと、私たちが座って落ち着かない内に、突然エミール師とジャストとチャンダー・センがキャンプに入って来ました。

挨拶を交わしてから一緒に座り、この国での旅行日程の大部分を打ち合わせました。それが済むと、エミール師は、私たちが訪れることになっている各地に繋がりのある興味深い伝説を、たくさん語ってくれました。

そのうち一つだけ書き記してみます。というのは、それは私たちがキャンプをしたことがあり、12年毎にこの地方で開催される野外宗教大会に大きな関心をもって出入りした地区と関係があるからです。

この地区の野外宗教大会と寺院には、毎年他の地区以上に参詣者が集まります。一回の大会毎に、50万人もの参詣者が集まるのです。特にこの季節の行事は、ことのほか重大なので、参詣者の数は、数百万にも増える見込みでした。辺りにはすでに、瑞祥の雰囲気が立ちこめています。

この大会の間、巡礼者たちには、食事がすべて無料で配られました。ハルドワールは、大聖地として知られています。ブリンダーヴァンには、スリ・クリシュナが住んでいました。この谷あいで、彼は成人したのです。

この地方は、楽園に近いと言ってもよいくらいで、美しい唄を囀《さえず》るコキラという鳥の故里でもあります。この地方には、宝石をちりばめた道標がいくつか建っています。これらの道標は、アムリタの壺からこぼれた久遠のネクター（それはデヴァトスとアシュラ、言い換えれば霊性と粗雑な物質性の闘いの後、海中から造りあげられたもの）の滴《したた》り落ちた場所に出現したと言います。

この伝説は、インドが霊的生活の巨大な意義に目覚めた時代を物語っています。この美酒の壺は、大変貴重なものとされ、それを手に入れるために再び戦が始まったほどです。悪魔を引き離そうと急ぎ過ぎて、神は壺から美酒をこぼしてしまい、そのこぼれ落ちたところに、宝石がちりばめられた、この道標が立ったという訳です。これは、ずっと深い霊的意味を秘めている伝説です。その意味が常住、久遠にわたり、広範囲に及ぶことは、後に実証される通りです。

私たちは、この地方を、偉大なるリシたちに随行して歩き、多くの寺院を彷徨い訪ねました。私たちは、12月に隊長に会い、共に南下してアブ山に至り、そこからブリンダーヴァンとハルドワールへ帰り、さらにまた、再び多くの寺院を訪れ、その住人たちの生活の中に入って行くほどの、最大の親密と温かい交わりを得たのです。

この親しい交わり、教え、出来事を、公表することはできません。もし発表したいと望むなら、いくつかのグループに個人的に伝えるだけにしてほしいと頼まれたのです。これが、私たちに課せられた唯一の制限でした。それは、文章にはせず、希望者にだけ口伝《くでん》して欲しいという頼みだったのです。

聖者たちや信徒たちの、この大群衆の様子は、決して忘れることのできないものでした。みんなが一つの目的のために、一つの道を一点に向かって旅しているこの巨大な群衆の間には、何ら急ぐ様子も、混乱も、混雑もありません。一人ひとりの上に慈愛と親切が現れ、一人ひとりの唇にいと敬虔でいと高き者、すなわち全能者の名が聞かれるのでした。これは、西欧の言葉で言うなら、「時」という長い長い通路一杯にひびく、霊的木魂《こだま》です。しかし、その「時」も茫洋たる東洋においては、何程の関心事でもありません。

この巨大な群衆も、40万人、あるいは50万人くらいだろうかと想像し得るのみで、その正確な数は知りようがありません。この大野外宗教大会の前日の夕方、キャンプファイアの前に私たちが座っていると、リシがこの大きな行事の目的を説明しました。

インドにおけるこれらの集いは、ほとんどすべてが、その見かけや繰り返される伝説が暗示する以上に、遥かに深い意義があったのです。

第17章

聖書・ムー・イズラエルとユダヤ・大ピラミッド／謎の断片を一つにして、宇宙の全貌を開く

ソロモン王の真実／なぜ大王、神と呼ばれたのか？

リシの話は続きます。

「『しかし、目は観ず、耳は聞かなかった。また、神を愛する人々のために、神が供えられた物も、人の心の中に入って行かなかった』（コリント人一　２：９）と書かれていますが、それは、『神のキリスト（神我）を愛し、神のキリスト（神我）を顕わす者たちのために』と訂正すべきです。

生命の原理、すなわち生命の目的を悟る者は少ない。理解原理とは、すべてのものの下に立つところのもののことで、重要なものです。従って、『汝の得るすべてを尽くして理解力を得よ』とは、正しい格言です。すべてのものの下には、理解力のある意識を持った目的が横たわっています。

ソロモンに数々の知識と富などを鮮やかにもたらしたのも、この理解力でした。彼は理解の基礎となるものが与えられるように、また、理解する心が、自分に与えられるようにと願ったのです。

それが、彼に大いなる叡智の泉を開き、彼を大いなる権力の座に導き、彼に大いなる富と名誉を与え、千もの大いなる才能を持つ王と称せられるに至らしめたのです。

このことが、比喩的に『ソロモンの千人の妻妾』と言われてきたわけです。

ソロモンの時代には、妻一人は、一つの大いなる才能、すなわち、宇宙の全史とその人類全体および各個人との関連を予見するパワーの象徴でした。

これらの才能を、国民の利益のために投げ出して使った時、彼の蔵は『なおも三千』増加し、彼を讃える歌は『千五百でした』。『しかして神は、ソロモンに彼の大きさを遥かに超える程の叡智と理解力を、海辺の砂の如くにさえ与え給うた』のです。（列王記・前4：29－4：32）

ソロモンは単る文字通りの王ではなく、仮の王でもありません。彼は、みずからとその家を支配する王でした。彼は、この王位を保ち、王座からその智恵を求める者に、愛と理解と叡智と正義と豊かさを施したのです。

その頃は、全人類が外に求めていました。それに応えて、彼は愛と理解力と叡智と正義と豊かさを与え、その千倍のお返しを受け取ったのです。国民を『鉄の如くにまっすぐ立つ棒』で治めたと言いますが、それは、誤りを決して犯すことのない律法の象徴だったのです。

真我を出して神原理に従うべしという神理、すなわち法則、従ってまた、主［これのみが神のキリスト（神我）の富がいかにその質量ともに無限であるかを知る］に従う時、法則すなわち主の報いる富は、彼の与えたものの千万倍にもなって彼に返り、さすがの彼の王国も、これを容れることができませんでした。

受け取ることを考えずに与えよ。そうすれば、その報いは測ることもできない程になる。まず神に、然る後に全地に愛を与えるのである。その愛があなたに還るとき、それは全地球を回り、千万倍になっている。幾百万という人々の思いの中を通り、各人がそれを一万一千倍に増やしたとき、それが還流すれば、一体地上に、それを収め得る余地があるでしょうか？

この生き方によってのみ、地球は解放され、その結果地上天国が実現し、調和が至高なものを成して君臨します。

ソロモンはこのことを理解、叡智、正義、豊かさと大きな歓びをもって実行せよと、自分自身に命令しました。その結果、どういうことになったでしょうか？　地球は豊かな富を収納できなくなりました。そうなれば、もはやそれは地球ではなく、天国です。

ソロモンの時代の人々が、彼を大王、神と呼んだことに不思議はありません。人々はソロモンが必要なものはなんでも与えることができると思い、跪《ひざまず》いて彼を礼拝しましたが、ここに、彼らの誤りがありました。

実は、彼らは、ソロモンが彼らの見習うべき模範であることを悟らなかったのです。神はソロモンに語りました。『全地にあなたのような者はいないだろう』と。たしかに地上には、彼の如き人物は二人とはいませんでした。

なぜなら彼は、すでに地上の身分を放棄していたからです。天上の身分こそが、彼のものであり、彼の部下の諸侯もまた、同じく天上の身分を持して、ソロモンと同じく王者らしい統治をしたのです。

ソロモンは神を顕わしました。それが人間の遺産であり、彼の国民はそれに倣うべきでした。

そのような大王が、自分の部下の諸侯を一人でも、死罪に定めることがあるでしょうか？　もしそうすれば、彼は自分自身をさらに千万倍にした死罪に定めることになります。かくの如く、愛と智をもって治める王は、他の諸侯を統治したのではなく、他の諸侯と共に公正な統治をしたのです。

従って、そこには、なんら外観を絢爛豪華に装飾して威圧したり、誇示したりする必要はありません。彼は、王冠を見せることさえ必要ありません。もともと人類は皆王冠については知っているのです。

かくの如き王こそ、真の支配者——少数の支配者ではなく、人類各成員と共に統治する支配者——である。人々は、彼と共に支配する。これこそ至高の君臨を成す人にして神である。これこそが、イスラエルの家である。この家がやがて木となり、根となり、枝、梢、葉、花となり、馥郁《ふくいく》たる芳香、すなわち全ての種族の精髄となります。

そのような種族がかつてこの地上に生存したことは有りますし、また再生するようになるでしょう。

私はあなたに告げます。迷う必要はありません。天国はすでにここにあります。ここを各人が、天国にすると意志さえすれば」

因果の法則は存在しない／それは人々の想念の中にのみ存在する

「人は、神の思召《おぼしめ》しに耳を傾けることを拒むため、死んではまた生まれ変わって試練や苦悩多き人生に戻ってくるのです。

そして、幾度も幾度も死の門をくぐって、ようやく最後に教訓——すなわち、絶対的な霊的知覚という岩の上にこそ、全人類という家族の家は建てられるのだという教訓——を学びとるのです。

そのような人々には、死は存在しませんし、死を繰り返すこともありません。

故に**因果の法則は存在しません。因果とは、結局不調和［老・病・苦・死など］の実現を目的とする報復に他なりません。**

報復を代えるのに、自我放棄をもってしなさい。そうすれば因果の動因は矯正されます。なぜなら、因果はそれを発現させようと決めてかかってくる人々の想念の中にのみ存在するからです。

原因を取り除くか、それを一層高い状態に取って代えれば、低い状態は消失します。こうして、あなた方は、自分の身体の波動を、因果を招く状態よりも昇華させたことになります。そうしない限り、死んだところで、因果は決してなくなりませんし、破壊もされず、消失もしません。

したがって死によって因果が加わり、幾層倍にも増幅し、結局各個人の上に大波のうねりのように積み重ねられていくだけです。死と生を放下した瞬間に、これらの因縁因果から解放されます。こうして両方とも消えるのです。消えたのであれば、それは忘れ去られてしまうだけです。

この段階で、生命が絶対に永続するということを把握して、それを実現することができなくても、死という誤りに対しては、生まれ変わりという最後の救済策があります。

生まれ変わりは、死というお先真っ暗な路の導きの光です。この光の導きによって、何回も何回も地上の体験を繰り返すことにより、遂に死を克服し得るようになります。これらの体験が教える教訓によって、我々に課せられていた諸々の信条やドグマは、神から来るものではなく、実は人間が造り上げたものであることに目覚め、それらの虚構を遂に放下する悟りに達するようになります。

そのとき、私たちは、神の全栄光、父の家、すなわち人間のつくった信条や迷信の混入していない自分自身の神我という家、遥か遠くをさ迷い歩いたためにおぼろにしか見えなかったが、常に輝き続けている光の中に、再び歩み入ることができるのです。

この家に、再び一歩一歩近づくごとに、光はいよいよ明るくなり、遂に中に入ってみれば、今まで私たちの物の見方のためにぼんやりとしか見えなかった光が、本来持っている温かさと美しさで輝いているのに気づきます。

ここで改めて静けさと平和と安らぎを見出し、思うがままに、心ゆくまでそれらを享受します。

今にして思えば、放浪を重ね、信条や迷信の虜《とりこ》となる前にこの家に入っていれば、とっくに自分のものになっていたはずです。しかし、初めからそうなのですが路の終わりでもまた、すべての過ちは忘れられ、赦されているのです。

『汝ら静まりて立ち、汝らの内なる主の救いを見よ』。諸々の現象の中にあっても心の全き静けさを保ち、あなたがたの真我である主なるキリスト（神我）が成し給う完全な救いを見ることとです。このようにして、私も、アブラハムが遥か以前に利用した法則を覚知し、また、それについて述べてきました。

この法則は、その時代も今も、同じように真理です。

現象は元来、想念や言葉や行いのままに、信念の程度に従って形を取るものです。**もし現象がよくなければ、その矯正法は、『想いを変えよ』ということです**」

聖書の原文のすり替え／嘘の歴史を数千も書いて、真実の歴史が歪曲され、抹殺された

「聖書が原文から今の形に翻訳される際に、ちょうど多くの偽りの預言のように、多くの誤謬《ごびゅう》がありました。それは、翻訳者たちが自分の取り組んでいる文字や象徴について理解が欠落していたためです。

しかし、彼らは一応良心的ではあり、理解し得る限り巧みに訳出してはいるので、その程度の誤謬は、一応は寛容できますが、それ以上の虚偽が『イズラエルの家』の原始福音を神秘めかし、歪曲し、破壊するためになされたのです。

イズラエルの始めの名は、イズ・ラエルであって、水晶、すなわち純白の人種という意味であり、世界に住みつくようになった人種の中の、一番目の人種、原始または原人種で、他の人種はすべてこれから派生したものです。この人種はまた、純粋光線の人種、光、または光条を意味する人種とも言われており、アーリア人種は、これから起きたものです。

このような聖書に対する歪曲は、大部分が、紀元一世紀と二世紀に始まり、特にダニエ

ル書、エズラ書、ネヘミア書に対してこの攻撃の手が向けられたのです。誤謬はさらに、ジョゼフズの初期の著作やその他の書にまで及び、その当時までは実存していた有名な諸資料や、それ以前に起こっていたいくつもの事例を隠すために、故意に仕組まれたことを、明白に物語っています。

さらに、人間の意識が出現して以来、イズラエル人によって保存されてきた明確な年代記述の方法や歴史を破壊するためにも、このいくつもの虚偽がなされたのです。真実の事件について、嘘の歴史を数千も書いて原文とすり替え、真実の歴史資料の大部分が、歪曲され、抹殺されたのです。

この人種から直接派生したアーリア人種は、既述した年代記述方法を使用し、さらにそれを純粋な形で維持しました。この年代記述方法を用いれば、これらの贋造や変用は容易に見破ることができます。

この方法で私たちは、本当の完全なユダヤ年表を作って持っています。

これらの虚偽は、ソロモンにまでおよび、さらに彼の妻妾たちの家、イズラエルの10支族の家、その指導者、教師、顧問官等にまで及んでいます。

この10支族の家が二つに分化した後、宗家筋の王国は、『イズラエルの家』あるいは

『イズラエルの王国』と言われ、別れた方の王国は、ユダヤの種族と呼ばれるようになりました。この種族は、イズラエルに属してはいましたが、そのすべてがイズラエルというわけではありません。

アブラハム、イザク、ヤコブをユダヤ人とするのをよく聞きますが、これはよくある誤りというだけでなく、破壊行為でもあるのです。

ユダヤの子孫のみがユダの名に因んでユダヤ人と呼んでもよいのであって、ユダヤ人という言葉は、もともとイズラエル10支族の家にも、イズラエルの12支族にも、決して当てはまらなかったのです」

イズラエル人がユダヤ人ではなかった

「イズラエル人はユダヤ人ではありませんが、ユダヤ人はイズラエル国民の一種族でした。

ユダの種族がパレスチナを去って囚人となったときに、ユダヤ人という呼び名がこの種族に使われました。現在『ユダヤ人』という名で知られている人々は、幽囚から放たれた後にパレスチナに戻ってきたユダの種族の残民なのです。

彼らの中には、周辺の国民と混血である者もたくさんいて、現在ユダヤ人と自称している人々には、本当のユダヤ種族の血は3分の1以下しか入っていないのです。

どの国でも、ユダヤ人はユダヤ人だけで永い間固まって生活してきていますが、ユダヤ人がイズラエル人、すなわちアーリア民族に混じって生活していたときは、彼らは繁栄したものです。ユダヤ人の剛直さも、実はこのイズラエル人に由来しています。

従って、いずれ時が経つにつれて、ユダヤ人は結局自分たちの保護と救済をこのイズラエル人に対して求めなければならいことを悟るでしょう。

ユダヤ人自身としては、自分たちの家を治める方が適当なのです。

ユダヤ種族のうち、イズラエル人に加わって共にヨーロッパ中に散らばって移住した人々は、現在『ユダヤ人』と呼ばれている種族とは違います。この人々は、英国の諸島その他や、地中海の海岸沿いに定着した他のイズラエル人と全く見分けがつかなくなっています。

それは相互結婚や環境によって、種族の特徴が無くなったからです。私はこの種族の者なので、その辺の事情が判るのです。

ユダヤ人たちは、その歴史を一歩一歩各時代ごとに、『ユダの家』からユダの種族に至り、さらに現代にいたるまでの足跡があります。

彼らは、偉大なる種族としての顕著な徴《しるし》の一つを持っています。

すなわちそれは、この偉大な種族が離散分離する前にそうであったように、神なる理念を保持し、種族の成員一人ひとりが内なる神キリスト・神我に従って全種族が復元し、一種族となることを目指すことです」

イズラエル発生の地はアメリカだった!?

「イズラエルが、エルサレムから移住した足跡を辿るのは難しいことではありません。

英国の諸島に定住した人々の足跡はすぐに判別できますし、ダン［パレスチナの北端の都市］の種族の場合もそうです。要するに、その名前や歴史や定住した場所で、すぐにそれと判るものです。この種族に因んで名づけられたドナウ川は、今では自由に船が出入りできる停泊所となっています。

この種族が、さらにいくつかの種族に繁殖分散して、デイン人、ジュート人、ピクト人その他の名前を付けられ、この河を経由して後に英国にやって来たわけです。

同様にして、スカンジナビア、アイルランド、スコットランド、その他の国々に移住し、また英国に、後にアメリカに移ったのですが、アメリカに到着したことは、以前の本国に帰ったことになるわけです。

しかし、このイズラエル発生の地アメリカでは、種族の特徴が急速に失われ、言語も一つに成りつつあります。しかし、その言語は、彼らが出国の頃に話していた元の言語になるでしょう。

彼らは、故国を忘れて、長い長い間放浪してきましたが、今や故郷に再び戻ってきたのです。その故里の土地は、南アメリカ、オーストラリア、ニュージーランド、南洋諸島まで延び、さらに、日本と中国にまで及んでいます」

日本人と中国人は、ムー大陸からの重要な種族の分かれ

「日本人と中国人はあまり移住をしていません。

彼らの故国はムー大陸で、ムー大陸が海底に沈没する前に、この母国から移住した重要な種族の分かれなのです。元来ウィーグル、すなわち放浪の種族と呼ばれ、大蒙古族の先

祖にあたります。

白人種が最高の文明に達したのは、このムー大陸においてでした。

この白人種は、放射エネルギーを使用することによって、原子のエネルギーを解放して、有益な仕事をしたり、人体浮揚も開発して、ある地域から別の地域へと自分を移動させたりもしたものです。

彼らの物の考え方は、異教徒の礼拝形式、信条、独断や迷信に一切煩わされず、全人類を貫流している、『人間は神と等しく聖なり』という真実の原理を礼拝したものです」

ムー時代に12の聖書を石に刻んで記録／大ピラミッドはそれら聖書を永久保存するために建造された！

「イズラエル――アリヤは、唯一賢明なる王位と文化の象徴です。

聖書はこの種族から出て来たのであり、この種族に対して、あの最高の教えが与えられたのです。

人間の中に在るキリスト（神我）が、彼らの理想でした。

それは、いわば、常に光を放って燃え続ける松明であり、笏の頭でした。この炎に空気を送って、いやがうえにもその光を増し、人々にその教えを忘れさせぬために、これらの教えが一冊だけでなく、12冊もの聖書に記録されたのです。

外部や内部からの破壊を防ぐために、同じように12の聖書を石に刻んでムー大陸の処々方々に保存し、後にこれらを一つに纏めて永久保存するために、大ピラミッドが建造されたのです。

こうして、普遍なるキリスト（神我）は、文明の淵源であると同時に金剛不壊であり、損ずることも抜き去ることもできないことが証明されました。それは、光を高く掲げるビーコンとしてのみならず、その光の反射塔としても、永久に存続していくでしょう。

さらに、それは単に光を反射するだけでなく、しばしば繰り返されてきた天命を発信してもいるのです。すなわち、『もし人類にして光を失わば、深く沈潜せよ。汝らその光を新たならしむる教えの記されてあるを見出さん。かつて光を奪われ、放浪する迷える羊たりし汝らより、光再び輝き出でんが為なり』。

神にとっては、光（生命）なくして彷徨うものは全て群れから離れ迷う羊です。

しかし、実はその群れは常に、今、此処にあるのであって、それに気づいて戻りさえすればよいのです。

キリストすなわち羊飼いは、入ってくる者のために炬火《きょか》を掲げて待っています。炬火は、長い年月隠されてきましたが、光を求めて来たる者のために、常に今そこに在るのです。

神我こそは、大宇宙の始原の顕現です。神の声、神の言葉が語られます。

『此処に光あり。彼処に光あれ』。こうして波動が閃きでるや、直ちに生命が現れました。

この生命が決して神から離れることがないことは、かの大ピラミッドがその基底を大地にしっかりと踏まえ、冠石なき頂点を空に挙げている事実が証明しています。

人がその真の遺産なるキリスト（神我）を受け入れ、神のキリスト（神我）こそ自分の真我であって、すべてを支配するという事実を受け入れたとき、初めてピラミッドの王冠即ち冠名は載せられるのでしょう。その時、それは人がもはや群れ（神我）から二度と離れ迷わなくなった事実への永遠の証人として屹立するでしょう。

大ピラミッドは、石造の聖書です。

それは、神の選民たちの業績と流浪を描いている不壊の記録です。

これは、ただユダヤ人たちが自称するように、ユダヤ民族という特定の民を指すのではなく、キリスト（実相・神我）の光を受けるすべての民を意味します。

それはまた、人々にキリスト（神我）以下の者であってよい、それ以下の行いをしてもよいという譲歩を決してしてしません。それは、人類や、その成員一人ひとりが、この真の光から彷徨い離れ、それを忘れ眩ますことのないように、また、彼らの中からこそキリストに相応しく世を導く者が出るという事実の証人として、聳え立っているのです。

ムー大陸の文明は、時代と共に堕落してゆきました。

事実この偉大なる人種も、長い間暗い道を歩み続け、遂にはその独自性を失い、残虐、野蛮な状態へと逆行するものと思われました。

そして、人間が持っていた純粋な考えを固持する者はごく少数にとどまること、また、その少数の人たちは、相連携して一心集中し、人類全体を擁護する光明を送り易くするために、隠遁しなければならないことが認識されたのです」

アブラハム（アー・ブラーム）とは大宇宙から来た完全なる光の維持者のこと

「活動としては現れていないが、以前と全く変わらず、キリストは生き生きとして人々の中にあることを、思想、言葉、行いにより、はじめは個々の集団、やがては人類全体に教示する救世主、神人が世界には必要であるという教えは、このグループを通じて広められたのです。

人々の無智と、キリストのような生活の拒否によって、キリストの火はすでに鎮められていました。そこで、人間の最高の理念に忠実に従って生きる救世主を、至高者が任命したこと、この救世主は定められた時に生まれてくることが、話や預言、あるいは個人やグループの予告によって、人類に宣布されました。

このことは、至高者の勅令で、それを神が、特定の人間の集団にインスピレーションとして伝え、これらの人々は、下生する救世主に人々を引き付けるためには、その降臨の時を定めることが必要であると認め、その下生の方法と目的、その誕生の正確な年月日と磔刑による死の正確な日まで、全ての人々に知らせるようにしました。

このことは、救世主の教えに一層の重要性と活力を与えるためだけでなく、大部分の人類が邪教を漁り求めていたので、彼らの考え方をある中心点、ある焦点に引き戻すためにも必要だったのです。

人類はこのように、迷いに迷いを重ねること甚だしく、その霊的死は、目睫《もくしょう》に迫っていました。

そのために、この救世主の肉体は屠られて岩の墓に入れられ、やがて完全に復活すべきことが預言され、こうして人類は再び、『人の子』から神の子、常に神と一体となって住む神のキリスト（神我）となり得ることが示されたのです。

これに倣って、神の生命を生きてゆけば、人の汚辱の中に二度と戻ることなく、平安と美徳が再び地上に君臨するものと思われました。

このような状態がかつて存在し、万物以前に存在していたこと、また救世主は人々に、人間の真の遺産について教えることも記されていました。

こうしてキリスト・神我は実存し、各時代における『秘められし者』だったのです。

彼の教えを通して、神の摂理の泉は流れ、大地の果実は、完熟して人の自由な採取に供されることになっていたのです。

しかるに、これらの預言は、イエスの到来しない内に異教扱いされ、覆滅されてしまいました。

この覆滅の効果は、今日にまで及び、キリスト教の基本要素（人間の実相がキリスト・神我であること）が常に第一義であり、それが人類最高の理想を実現してきたことに人々の眼を覆い、それは前代の諸々の異教からの借り物に過ぎないと思わせるに至ったのです。

一方、このような子キリストを生み育てる母の肉体と、その地上の保護者となる父の肉体が無原罪の誕生のために備えられました。

将来己の教えを受けるべき人々の間で成人となるべきこの幼子を養育するために、本来別々に完全でありながら、しかも結ばれて一体となるべく定められたのです。

母はマリア、父はヨゼフ、いずれもアブラハムの種子から出た真の光を掲げる者たるダヴィデの子孫です。アブラハムとは、アー・ブラームで、大宇宙から来た完全なる光の維持者という意味です。

ところが、人の子らはあまりにも退歩が著しいため、その肉体の波動は、動物のそれより低下していました。

救世主はそこへ自分が長い間忘れ去られていたキリストを名乗り出れば、彼らが自分の肉体を動物以上に貪食しようとすることをよく知っていました。人間の知覚力がキリスト（神我）の光によって導かれない限り、人間は動物以下に沈下したりするものです。

しかし、救世主としては、自分が仕向けない限り、堕落した人の子らに指一本でも触れさせないためには、キリスト（神我）とハッキリ一体とならなければならないことが、判っていました。こうして彼は恐れることなく、この役割を引き受けたのです。

この役割を選ぶ人は、この役割こそ、過去における救世主たちが、そのキリストとしての生涯を通じて果たしてきたものであることを良くわきまえ、謙虚でなくてはなりません」

12と13の密意／12で1個のピラミッドを形成し、それがキリスト理念（神我）の完成を象徴し、13番目が王冠になる

「この大会は、このような考え方を、一層明確に強くしてくれるでしょう。

ここに集って来ている数千人もの甚だ謙虚な魂を持った人々から出る雰囲気は、あなたがたにも判るはずです。

一人の人間でも、その神性を顕わして完全に自分自身を与え尽くすならば、世界を征服し、もはや彼によって死など存在しなくなるという事実を考慮に入れて、この数千人もの人々の雰囲気が発揮するパワーを考えてごらんなさい。

この一人の力に、彼と同様に力のあるもう一人の影響力が加わるならば、その影響力は、一人の場合の4倍になります。

そのうえ、此処に集って来ている人々の人数をこれに掛け合わせれば、この群衆から全世界に放射している力が、どれだけのものになるかお判りでしょう。

このような力のセンターが、一か所でもその放射力を余すところなく発揮すれば、個々の人間が知ると知らざるとにかかわらず、世界はたちまちにして生まれ変わり、再び活力を与えられ、刷新されるのです。

そのような集会が、遥か以前から各時代を経て、今日まで世界中特定の地域で12年ごとに開かれてきています。その数は、初期の頃は、少なかったのですが、その発する放射線は、一言も呼びかけなくても、他のグループを引き寄せてきました。

やがて最初の小グループが大きくなり、さらにその中から、新しいグループが派生し、こうして順々に新たなグループが形成されて、遂に12のグループが出来上がりました。

そして最後のグループが出来て、全部で13になります。

この最後のグループは、12のグループとの合同をはかり、完全なる一大グループを結成するためにつくられたのです。しかし、人々が集まりやすいように、グループが分かれていたときと同様、会合はさまざまな異なる場所で開かれました。

はっきりとした組織にしようという企てはなかったため、順守すべき確固たる規則もありませんでした。その一大グループは単に、人々が加入し、その大グループを通じて、数ある小グループの一つに魅力を感じてもらえるよう、編成されたに過ぎないのです。会合の場所を一般の人々に公開することは、決してありませんでした。このことは、組織化しようという試みが全くなかったことを示しています。

明日の12時に会合することになっている集会は、全グループを第一のグループの下に完全に統合しようとしているもので、12で1個のピラミッドを形成し、それが人間におけるキリストの理念（神我）の完成を象徴し、13番目が、ピラミッドで譬えれば冠石、すなわち王冠となるわけです。

13のグループすべてが、従来と同じ、別々の場所で会合しますが、一つのグループの集まりも全体のグループの集まりも同じで、ちょうど全体が首長グループと会しているようなものです。このような集合が、明日行われます。

13のグループを一つに統合するためだけの集会は別として、12の各グループから12名ずつ出て、さらに12のグループを作るとして、この12を同じ要領でさらに12倍すれば、144になります。

これらを人類全体にわたって増やしていき、12名ずつのグループに分け、12名単位のピラミッドを作ってゆくとすれば、遂に地球を取り巻くことになるでしょう。

このグループの一員となるのに必要なことは唯一つ、すなわち先ずキリストの理念をはっきりと把握し、次に思いと言葉と行いで、世界にキリスト（神我）を顕わすことです。

そうすればあなたは、この大いなるグループ全体と一つになります。

そして、あなたがたが、自分の家で、あるいは聖所で神にまみえるならば、それが世界の果て、山の頂、あるいは賑いを極める市場の中にあろうと、彼らもまた、あなたがたにまみえるでしょう。

要するに、神と一体ということが、常に決定的な要素です。

自分の理念をキリスト（神我）の高みにまで揚げた瞬間、あなたがたの肉体は、キリスト（神我）の波動に感応します。その時また、あなたがたは、この大衆群から発するのと同じ波動に感応します。

そして、この参会者たちの巨大なエネルギーが、あなたがたのキリスト理念と和して、全世界に広められます。あなたがたの影響力は、全体と共に想念の大津波となって伝播し、広がって行きます。

こうして、これらの教えは、隠遁状態に留まることなく、世界的となります。

このようなグループには、全人類の神の他には、いかなる首長も必要なく、また、いかなる形式も宗派も信条も必要ではありません。

自分の真我が、キリストであることを宣言し、自我に対して、思いと言葉と行いをもってこの理想に忠実に生きるように命じなさい。そうすれば、まさしくキリストを懐妊し、かつ生み出すことになるのです。

これらの波動がいったん確立されると、たとえ当人は、その存在に気づかなくても、決して減ずるものではありません。しかし、それをずっと続けていると、遂には自分でもこの波動に気づくようになります。

このことは、他の何物にも勝る、大いなる体験です。

このようにして確立された霊的焦点は、真実であって、決して消え去るものではありません。終局においては、人類全体が此処に帰着しなければならないのです。

このような人に対してこそ、宇宙の全貌が開かれ、このような人々には、もはやなんら制約は通用しません。

人間の視力では、今言った波動は見えませんが、それを見えるようにすることはできます。人間の視力の範囲内では、今ここに私たち以外には人がいないように思われますが、実際にはいるのであって、私たちには、その人が見えるのです。

遥々ここまでの道のりを歩き、あるいは乗り越えたあなたがたは、これまで時々、このことを垣間見てきました。そうでなければ、ここには、出席していなかったはずです」

幾万年も保存されてきた偉大なるピラミッドの中には、宇宙の秘密が隠されている

「この大会のように、人類が団結すれば、ゴグとメーゴグの闘いや、アルマゲドンの闘いのような殺し合いができるでしょうか？

人間の造った律法が現れたからと言って、あらゆる力を支配し、しかもその力と共存する神の法則を蹂躙するだけの力がでてくるでしょうか？　そのようなことは有り得ません。

ここでは、ただ一人の神人が「否」と言いさえすれば、万事がその通りに運びます。

それは、すべてが一体であり、すべてが一体となって感応するからです。

別段何か、特別な力を発揮する必要もありません。低い魂の低い波動の人々が害意を込めた力を出しても、こちらがその力を集中して、それに真実の愛と祝福を込めて、本人た

ちに送り返すことができるのです。

もしも、それに抵抗するなら、彼らは自滅するだけです。愛のエネルギーを送り返す方では、腕一本さえ揚げる必要はないのです。

人間の中のキリスト（神我）が、地上における人間の到来遥か以前に確立されていたものであり、キリストとしての人間は、未だかつて神から離れたことのないことを、かの大ピラミッドが金剛不壊の記念碑の形で、世代を通じて人類へ証しをする証人として聳え立っているように、これらのグループたちもまた、厳然として存在し続けているのです。

この大いなるピラミッドが、こういう意味での証人である事実は、その年代、形態の純粋性、構造および知識上の価値などによって充分に立証されており、偉大なるピラミッドと呼ばれて、幾万年もの間保存されてきているのです。

この巨大な物塊の中には、科学上の知識が組み込まれており、人間がそれを解明するためには、科学に精通しなければならないのですが、何も人間の科学を進歩させるために、この知識がそこに駆使されたのではありません。

その歴史の深さと驚くべき構造は、人類にとって、神秘として保存されてきました。

その巨大な塊の中には、宇宙の秘密が明らかにされています。

その表現はすべて精確な術語と精密化学の方法をもって成されています。

このことは実は、前からそのように予定されていたのであり、人間がこのピラミッドの意義を悟って、完全に神と融合した神のキリスト（神我）として、円満調和に完成するように、その方向に働きかけているのです。

それが達成された暁にこそ、偉大なるピラミッドの上に初めて冠石（王冠）が置かれるでしょう」

第18章

イエス自らが「自己完成への苦闘」を語った

イエスの語り、再び／法悦、悟り、解脱への道のり

リシの法話が終わると、5、6人の人々が、私たちのキャンプに向かって歩いて来ました。その中にイエスがいました。

この方々がキャンプから少し離れた峰の斜面に集まっていたことは、気づいていましたが、こういう集まりは、この土地の周辺至る所にあるので、この方々も何か個人的な相談事で集まっているのだろうと、思っていたのです。

彼らが近づくと、ウェルドンが立ち上がって前に出て、イエスの両手を握りしめました。みんなリシとイエスの親しい友だったので、何ら紹介の必要はありませんでした。

私たちは、自身がまるで、土さえあればどんな裂け目にも根を張ることをいとわぬ、極めて小さな種子であるかのように感じていました。

一行は、私たちのキャンプファイアを囲んで集まりました。

ウェルドンがイエスに聖書の話をしてくださらないでしょうかとお願いしたので、皆が心から賛成しました。

こうしてイエスはまた、語り出しました。

「詩篇第23篇のダヴィデの祈り、『主は私の羊飼い、私は欠乏することはないであろう』について考えてみよう。

これが、懇願する祈りでないことにお気づきであろう。

この本当の意味は、一大原理（神）が、私たちを歩むべき道へと導きいれること、すなわち、大原理が、私たちの道を先導していること、こうして、曲がった道も、真直ぐになるということなのである。

ちょうど、羊飼いが彼を信じ、彼に頼っている羊たちの面倒を見るように、この原理は私たちの歩むべき道を備えてくれているのである。

こうして私たちは、『私たちの父が導くのであるから、私は恐れない』と言うことができる。

よき羊飼いは、羊たちのためになるものがすべて揃っている場所を知っている。故に私たちは、『私は欠乏することはないであろう』と言えるのである。

ダヴィデと共に私たちは、『私は欠乏するはずがない』と言える。なぜなら、真我即神我（I AM）は、あらゆる悪しきものに対して、護られているからである。

私たちの物質的な欠乏はすべて満たされる。緑の牧場で充分に養われるだけでなく、他にも分け与えられるほど豊かに余るのである。

そして、すべての欲望がすでに満たされているという全き安心感に安らぐ。すべての疲労感も離れ去り、ダヴィデと共に、『主は私を緑の牧場に横たえて、静かなる流れの傍に導き給う』ということができる。

静けき淵の蒼さは、心に大いなる平安を与え、悩める心を鎮める。

身も心も安らいでいると、至高《いと》き原理の天来のインスピレーションが、生命と力の純光で魂を満たす。

私たちの内なる光が、我が主、すなわち人はすべて一体であるという法則の栄光と共に燃える。

霊の放射するこの光が、私たちの理解力を新たならしめ、私たちの真我を悟り、無限なるものと一体であり、各人が原理（神）の完全なる像を顕現するために、この原理（神）から送られてきていることを知るに至る。

魂の深き静けさの中に在るとき、私たちは、純粋我に還り、自分が全体であることを知る。こうして、『彼は我が魂を蘇らしむ。まこと、われ死の蔭の谷を歩くとも、我は災いを恐れじ』となる。

ここにおいて、私たちの肉体は安らぎ、神は私たちの心を鎮め給い、魂を安らかにし給い、光もて私たちを照らし給いて、人に仕える者とならしめ給う。

こうして、我が内に、用意は完全に整う。然らば、外部からいかなる試練が来ようと、それによって害されると妄想することができようか。

いかなる困難があろうとも、救い手である神は、常に手近に顕在し給う。

神の中に私たちは生き動き、神を我が実在とするのである。

故に私たちは、一斉に言う。『すべて善し』と。

各人が今や、『神の愛、我を群れの中に導き給う。この群より、我迷うとも、正しき道を示されて、我を直し給う。神の愛の力、我を美しきものに引き寄せ給う。こうして災いは、すべて我に閉ざされる』と言うことができる。

今や、各人は、ダヴィデと共に、『汝、我と共にあるが故、汝の鞭、汝の棒は、我を慰める』と言うことができる。

この修行を始めるにあたり、あなた方は、まず第一段階をやってみることである。

そうすれば、真理、すなわちすべての生命現象の下に横たわっている基本的な科学的事実と、それに至る道を覚知するようになる。

こうして得る法悦や悟りは、一応はこれまでのいかなる体験をも凌駕する。

しかし、やがて恐れや失望がいつの間にか忍び込み、前進が鈍るように思われる。

あちらこちらともがき求めるが、虚しく敗れ去るかに見える。

大願成就のための苦闘は、人間にとっては、あまりに大きすぎ、実現しそうにもない。

やがて自分の周囲で、数多くの失敗が目につき始める。

そして、こう言い出す。

『いたるところ、神の子らは息絶えつつある。私の理想とする久遠の生命、平安、調和、完全を一代で成就したものは、一人もいないのではないか。

所詮、解脱は死後にのみ来るのだ』と。

こうして理想を放下し、大方の人々と共に退歩の流れに乗って、下へ下へと漂う方がましという気に、一時的になる」

人間意識の難点／この地上で一代で解脱する方法を悟得してほしい

「また、人間意識には、もう一つの難点がある。

たとえば、霊的に大きな悟境に達していて、成功すべきはずの人が失敗する。

すると、人類意識がさらにまた人間をがんじがらめにしてしまう。

それが世代を重ねてゆくうちに、ますます強くなる。

従って、人間の性質が弱く脆くなってゆくのに、なんの不思議があろう。

そうして銘々が、次々とその後を追って、同じ永遠に回る踏み車へと向かってゆく。盲者たちがゾロゾロと久遠の忘却、大いなる渦巻の中へと繋がってゆく。

この渦巻の中では、肉体が分解腐朽するだけでなく、魂までが、人間的才覚と誤謬という、決して容赦することなき碾《ひ》き臼《うす》の間で砕かれるのである。

善悪という人間心を、次々と積み重ねてゆき、やがてそれが厚い外殻となり、さまざまな経験を重ねるうちに、より一層厚くなって、遂にこれを打ち破って自分の真我を解放するには、超人的な力と大鉄槌を必要とするようになる。

しかし、そのような迂遠《うえん》な方法よりも、**この地上で一代で解脱する方法があり、その方が遥かに容易《たやす》いことを、私やその他多くの聖者たちのように、あなたがたも悟得してほしいと思う。**

今述べた殻を打ち破って、真我を見性するまでは、人はこの渦巻の中で砕かれ続けるであろう。

自分自身を見事に解放して、地平の『より大いなる眺望』を一見するまでは、修行し続けることである。この『より大いなる眺望』を一瞥《いちべつ》したとき、あなたがたの苦闘はいったん止み、心のビジョンが明らかとなる。しかし、肉体はなお、殻の中にこもっている。

新しく生まれる雛《ひな》の頭は、殻から出ていても、なお苦闘を続けなければならないことを知るがよい。生まれ出る雛が、自分の発育の源であった胚卵《はいらん》が格納されている卵殻《らんかく》に穴をあけ、すでに感じ取っていた新しい世界に出でる前に、この雛はまず古い殻、環境から完全に自由にならなければならないのである。

私が少年の頃、父と共に大工の仕事台で、神より生まれた、いわゆる人間には、人間として生まれての短い生涯を生き、その短い生涯に人間の造った律法、迷信、因習という礙き臼にひかれ、こうしてせいぜい70年の生涯を苦労し続けてから、天とやらに行き、当時の僧侶たちの餌食となった騙されやすい心の中以外には、理屈から言っても存在するはずのないところの、竪琴《たてごと》を弾き讃美歌を歌うという光栄ある報いとやらを受けることよりも、もっと高い生き方があると、私が悟ったことには、あなたがたは、全く気がついていない。

この大きな内なる目覚め、悟りの後、ただ一人自分自身の中で自らを友として独居と沈黙の中で、いくつもの長き昼夜を過ごしたことを、あなたがたは、全く見落としている。

やがて自我を克服して、私の悟り得た光が大いなる明光であり、これこそが、創り出される神の子ら、言い換えれば、この世に来たる全ての神の子らの道を照らす光であることが判り、私がいたく愛する人々にもこの光を示そうと思ったのに、却って私は、この人々の間で、遥かに苦しい経験をしなければならなかったのである。

悟りによって、まだ垣間見ただけではあるが、それでも迷信と不調和と不信の泥沼を越えて見ることができた新しい生き方を選択する代わりに、いっそ今のままでいって大工にでもなり、僧侶たちや伝統宗教のいう短い寿命とやらを送ろうかと思ったりもする。

私に付きまとったあの大きな誘惑を、あなたがたは、全く見落としている。

私が覚知した光を示そうとして努力した人々から受けた苦しみはともかくとして、自分の親戚縁者からでも、幾度となく浴びせかけられた不名誉な侮辱という肉体的苦痛を、あなたがたは、完全に見落としている。

それに堪えるためには、私自身の意志以上の、強い意志を要したこと、この意志が私を支えてこれらの試練を克服させてくれたことに気づかない。私につきまとった試練と苦闘、誘惑と失敗は、あなたがたには、ほんの少ししか判らないのである。

光がそこに在ると、見て知っているのに、まさに消えようとして最後の瞬きをしているのではないかと思われたり、時として、その最後の光も消え、影のみが取って代わっているのかと思われ、拳を握り、歯を食いしばったことが、どんなに度々あったことか。

しかし、そのようなときでさえ、私の内には、依然として変わることなく強く支配する、あるものが在り、そのため、影の背後にも、依然として光が輝いていたのである。

神から与えられた創造力を使いなさい

私は前進し、影を棄て、一時ほの暗くなっただけに、かえって一層明るくさえなった光を見出したのである。その影が、結局は十字架となったときでさえ、私はその向こうに、未だ恐れと疑いと迷信に浸食されている俗世の人々の理解を超えた、勝利に輝く朝の目覚めを見ることができたのである。

神は聖なるものであり、神の像に似て生まれた神の真の子たる人間もまた、父の如くに真の神性であること、また、この神性なるものこそが、すべての人が見て感じている真のキリスト（神我）であり、それは自分自身の内、また神の子らすべてのものの中に在ること、それは、神の自由意思と自分自身の自由な想念と純粋な動機によって、まず自分自身に証明できるものであることを、実際の体験と接触によって知るためには、最後の滴まで飲み干そうと、私に固く決意および前進させたのは、実にこの悟りだったのです。

この真のキリスト（神我）は、この世に来たるすべての子を照らす光である。

それは、我らの父なるキリスト（神人）であり、かつその中で、私たちはすべての久遠の生命と光と愛と真の同胞関係、すなわち神と人の、真の父子関係を持つのである。

この真の悟り、すなわち真理によってこれを見れば、人は王も、女王も、王冠も、法王も、僧侶も不要なのである。

真の悟りを得た人が王であり、女王であり、僧なのであり、すべての人は神と共にあるのである。あなたがたは、この神の悟りを拡げて、全宇宙のありとあらゆるものを包容し、神から与えられた創造力をもって、神の成し給う如くに、それを囲みめぐらすがよい」

著者：ベアード・スポールディング　Baird T. Spalding
1872年ニューヨークに生まれる。
1894年、科学者を含む11人の調査団とインド、チベットへ旅し、そこでヒマラヤ聖者たちの行う様々な超人的御業を目にする。この体験をまとめた記録は1924年に出版され、現在に至るも世界中で高い評価を受け続けている。日本では『ヒマラヤ聖者の生活探究』の題で親しまれている。
1953年、80歳で死去。

訳者：成瀬雅春　なるせ まさはる
ヨーガ行者、ヨーガ指導者。1976年からヨーガ指導を始め、1977年2月の初渡印以来、インドを中心にアジア圏を数十回訪れている。地上1メートルを超える空中浮揚やシャクティチャーラニー・ムドラー（クンダリニー覚醒技法)、心臓の鼓動を止める呼吸法、ルンゴム（空中歩行)、系観瞑想法などを独学で体得。2001年、全インド密教協会からヨーギーラージ（ヨーガ行者の王）の称号を授与される。2011年6月、12年間のヒマラヤ修行を終える。成瀬ヨーガグループ主宰。倍音声明協会会長。朝日カルチャーセンター講師。主な著書に『ヒマラヤ聖者が伝授する《最高の死に方＆ヨーガ秘法》』(ヒカルランド)、『クンダリニーヨーガ』『ハタ・ヨーガ 完全版』(ともにBABジャパン)、『インド瞑想の旅』(中央アート出版社)、『仕事力を10倍高める』シリーズ（PHP研究所）は韓国でも発刊、監修に『あるヨギの成功の黄金律』(フォレスト出版）など。

〔問い合わせ先〕
〒141-0022　東京都品川区東五反田2-4-5　藤ビル5階
成瀬ヨーガグループ
E-mail　akasha@naruse-yoga.com
URL　https://naruse-yoga.com/

＊本作品は2013年11月、ヒカルランドより刊行された『[実践版] ヒマラヤ聖者への道II 3 深奥の望みを実現する法則』の新装分冊版です。

新装分冊版［実践版］ヒマラヤ聖者への道3
深奥の望みを実現する法則

第一刷　2022年4月30日

著者　ベアード・スポールディング

訳者　成瀬雅春

発行人　石井健資

発行所　株式会社ヒカルランド
〒162-0821　東京都新宿区津久戸町3-11　TH1ビル6F
電話　03-6265-0852　ファックス　03-6265-0853
http://www.hikaruland.co.jp　info@hikaruland.co.jp

振替　00180-8-496587

本文・カバー・製本　中央精版印刷株式会社

DTP　株式会社キャップス

編集担当　小澤祥子

ISBN978-4-86742-103-1

『3　深奥の望みを実現する法則』
宇宙一切を救う方策
この本一冊あれば《すべて》が手放せる
成瀬雅春〈エミール師と私〉第二話収録
四六ハード　本体 3,000円＋税

『4　奇跡と創造の原理』
宇宙の全貌［I AM］へ大悟すれば
あなたは神そのものとなる
〈船井幸雄と『ヒマラヤ聖者の生活探究』〉第二話収録
四六ハード　予価 3,000円＋税

『5　久遠の生命』
すべては光、すべては波動
内なるキリストに目覚めた者に流れ込む超パワー
成瀬雅春〈エミール師と私〉第三話収録
四六ハード　予価 3,000円＋税

『6　完全なる調和と統合へ』
空間移動、食物の無限供給、肉体の消滅
人間の超人への飛翔を後押しする本邦初訳の瞠目の書
〈船井幸雄と『ヒマラヤ聖者の生活探究』〉第三話収録
四六ハード　予価 3,000円＋税

◉船井幸雄氏が絶賛してやまない永遠の聖なる書『ヒマラヤ聖者の生活探究』が、エミール大師を師とする成瀬雅春氏のリアル新訳で蘇る！
◉愛と光の超人となって、すべての困難をスルーして行こう！
そのためのノウハウは全部この本に記されている
◉実践するためには、お金も物もマスターと出会う必要もない
あなたの中に元々ある魂に磨きをかけるだけ
◉ヒマラヤ聖者のパワーは、イエスが使った「神の力」と同じものであり、その力は、今ここで、あなたに使われるのを待っている！
◉日本未訳の第６巻が加わって、ついに完結！